LE PÈRE DOUSSOT

DOMINICAIN

ET

LA MÈRE ELISABETH

CARMÉLITE

SA SŒUR

PAR

LE P. MARIE-JOSEPH DU SACRÉ-CŒUR

CARME DÉCHAUSSÉ DE LA PROVINCE DE FRANCE

Avec 19 illustrations dans le texte et 7 hors texte

DEUXIÈME ÉDITION

PARIS

LIBRAIRIE PLON

PLON-NOURRIT ET Cⁱᵉ, IMPRIMEURS-ÉDITEURS

8, RUE GARANCIÈRE — 6ᵉ

1911

LE PÈRE DOUSSOT

DOMINICAIN

ET

LA MÈRE ÉLISABETH

CARMÉLITE

SA SŒUR

NOS FR. EZECHIEL A S. C. JESU

*Præpositus Generalis Fratrum Excalceatorum Ordinis B. V.
Mariæ de Monte Carmelo ejusdemque S. Montis Prior.*

Cum opus, cui titulus : « *Le Père Doussot, Dominicain, et
la Mère Élisabeth, Carmélite, sa sœur,* » ab adm. R. P.
Fr. Maria-Joseph a S. Corde Jesu, Ordinis nostri sacerdote
professo ex Provincia Avenionensi, compositum, duo e
nostris theologis examinaverint nihilque in eo offenderint
quod catholicæ fidei et bonis moribus adversetur, licentiam
quantum ad Nos attinet concedimus ut typis . edatur,
servatis omnibus de jure servandis.

Datum Romæ die 30 Maii 1910.

Fr. Ezechiel a S. C. Jesu,
Præpositus Generalis.

(L. S.)

Fr. Valentinus ab Assumptione,
Secretarius.

NIHIL OBSTAT :

Fr. Constantinus ab Imm. Conceptione,
Provincialis.

Fr. Franciscus Salesius a Virgine,
Definitor Provincialis.

IMPRIMATUR :

Parisiis die 8ᵃ Junii 1910.

G. LEFEBVRE
Vic. gén.

LE PÈRE DOUSSOT

DOMINICAIN

ET

LA MÈRE ÉLISABETH

CARMÉLITE

SA SŒUR

PAR

LE P. MARIE-JOSEPH DU SACRÉ-CŒUR

CARME DÉCHAUSSÉ DE LA PROVINCE DE FRANCE

Avec 19 illustrations dans le texte et 7 hors texte

DEUXIÈME ÉDITION

PARIS

LIBRAIRIE PLON

PLON-NOURRIT ET Cⁱᵉ, IMPRIMEURS-ÉDITEURS

8, RUE GARANCIERE — 6ᵉ

1911

Tous droits réservés

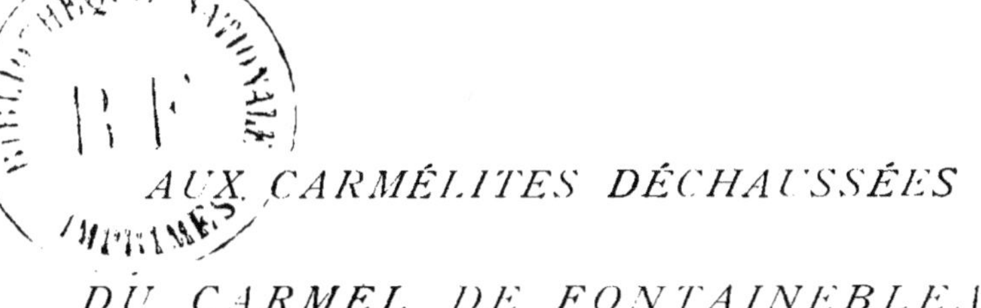

AUX CARMÉLITES DÉCHAUSSÉES

DU CARMEL DE FONTAINEBLEAU

Exilées à Corioule-Assesse, en Belgique.

Il est juste que ces pages vous soient dédiées, mes Révérendes Mères, qui avez si pieusement conservé les souvenirs de votre vénérée Fondatrice et du Père bien-aimé dont le dévouement a, toute sa vie, enveloppé vos âmes : Dieu n'a-t-il pas voulu le récompenser en l'amenant mourir auprès de vous ? Leur mémoire sainte vous couvre.

Puissent ces lignes attirer sur votre si fervent Carmel une protection plus spéciale encore du frère et de la sœur dont elles vont raconter la radieuse jeunesse et la vocation religieuse.

Plusieurs éminents personnages ayant daigné nous envoyer des lettres d'approbation particulière, nous les insérons ici avec la plus humble gratitude.

Couvent des Carmes déchaussés,
Marche (Luxembourg belge).
25 mai 1910.

Mon Révérend et bien cher Père,

J'approuve de tout cœur et je bénis vos touchantes pages. Vous faites revivre vos deux héros en des tableaux si animés qu'on les voit réellement et qu'on les aime, qu'on voit et qu'on aime surtout la main puissante du Créateur !

Malgré leur sceau commun de vaillance et de bonté, le fils de Dominique et la fille de Thérèse nous offrent plus d'une fois l'harmonie dans le contraste. Celui qui est assez puissant pour ne se répéter jamais a fait en eux de grandes choses et s'est plu à les varier.

Puisse selon votre intime désir, mon cher Père, ce pieux travail encourager les aspirations de toutes les âmes élevées, vers le vrai, le bien et le beau !

C'est le vœu sincère de votre tout dévoué en N.-S.

Fr. CONSTANTIN,
de l'Immaculée Conception.
Provincial des Carmes déchaussés
de France.

Granville (Manche), 18 juillet 1910.

Mon Très-Révérend Père,

Je ne veux pas vous retourner le précieux manuscrit que vous avez bien voulu me confier, sans vous exprimer tous mes sentiments de respectueuse gratitude pour cet intéressant et pieux travail accompli avec un si grand amour, une intelligence si éclairée, et une connaissance approfondie et expérimentale des voies intérieures par lesquelles Notre-Seigneur conduit à la sainteté les âmes d'élite qu'Il a daigné choisir et prévenir de ses divines Bénédictions. J'y retrouve vraiment le Père Doussot et la Mère Élisabeth tels que je les ai connus, vénérés et aimés ; et je ne doute pas du bien qui sera produit dans les âmes par la publication de ces pages. C'est d'ailleurs le témoignage que vous a rendu votre très R. P. Provincial, le Père Constantin, dont je m'honore d'être le compatriote et l'ami.

Daigne Notre Dame du Carmel bénir et féconder de plus en plus votre si dévoué ministère auprès des ferventes Carmélites de Corioule ! qu'elle daigne surtout, par vos sacrifices et vos prières à tous, hâter l'heure des divines miséricordes, où nous pourrons

voir se réaliser la parole d'un de nos psaumes :
« Aedificans Jerusalem Dominus, dispersiones
Israelis congregabit. »

Veuillez agréer, je vous prie, mon très-Révérend
Père, la bien respectueuse expression de mes très
dévoués et reconnaissants sentiments en N.-S.

Fʀ. XAVIER,

Évêque de Rosea.

Rome, le 14 septembre 1910.

MON RÉVÉREND PÈRE,

La Très-Révérende Mère Prieure du Carmel de Pie VII a eu la délicate attention de me faire prendre connaissance de votre ouvrage sur « Le Père Doussot, Dominicain, et la Mère Élisabeth, Carmélite, sa Sœur. » Je me suis arrêté tout particulièrement aux pages qui regardent la Mère Élisabeth, dont j'ai eu le bonheur de connaître les qualités supérieures et de les faire apprécier au Pape Léon XIII de sainte mémoire, qui l'a tant de fois favorisée, par mon intermédiaire, de ses encouragements au sacrifice, et de ses paternelles et bienveillantes bénédictions. Je ne saurais vous dire, Révérend Père, combien votre travail m'intéresse et comme je désire le voir bientôt imprimé, ayant la ferme conviction qu'il fera beaucoup de bien aux âmes qui souffrent et s'immolent pour la sainte cause de Dieu et de son Vicaire sur la terre.

En attendant, permettez-moi de vous offrir mes félicitations, ainsi que l'assurance de mon respect et de mon plus religieux dévouement en N. S.

RINALDO ANGELI,
Chanoine de Saint-Pierre,
Protonotaire apostolique,
Chapelain secret de Léon XIII.

PRÉFACE

Est-il rien de plus nécessaire aux chrétiens de nos jours qu'une vive foi en la Providence ? Ils voient les impies triompher cyniquement de l'Église et la persécuter sans merci : Dieu ne semble-t-il pas avoir le dessous en ce moment dans les affaires de ce monde ? Dès lors, s'il n'est point de Providence, les choses humaines, comme notre propre vie, ne nous deviennent-elles pas obscures jusqu'à nous être inintelligibles ? Mais si nous reconnaissons ce divin gouvernement continuel qui dirige les choses en apparence fortuites et les ordonne à sa gloire comme au bien des élus, alors nos cœurs relevés s'écrient avec l'Apôtre : *Que vos conseils, ô Seigneur, sont admirables et que vos voies sont profondes !*

Le récit de tous points véridique que nous offrons au lecteur manifestera une fois de plus, dans un cadre restreint, ces conduites mysté-

rieuses autant qu'étonnantes par lesquelles la
Providence prépare de loin les choses et
dispose pour les accomplir des moyens aussi
suaves que puissants afin que les obstacles
mêmes, accumulés par la perversité des créatures, concourent au bien de ceux qui aiment
Dieu.

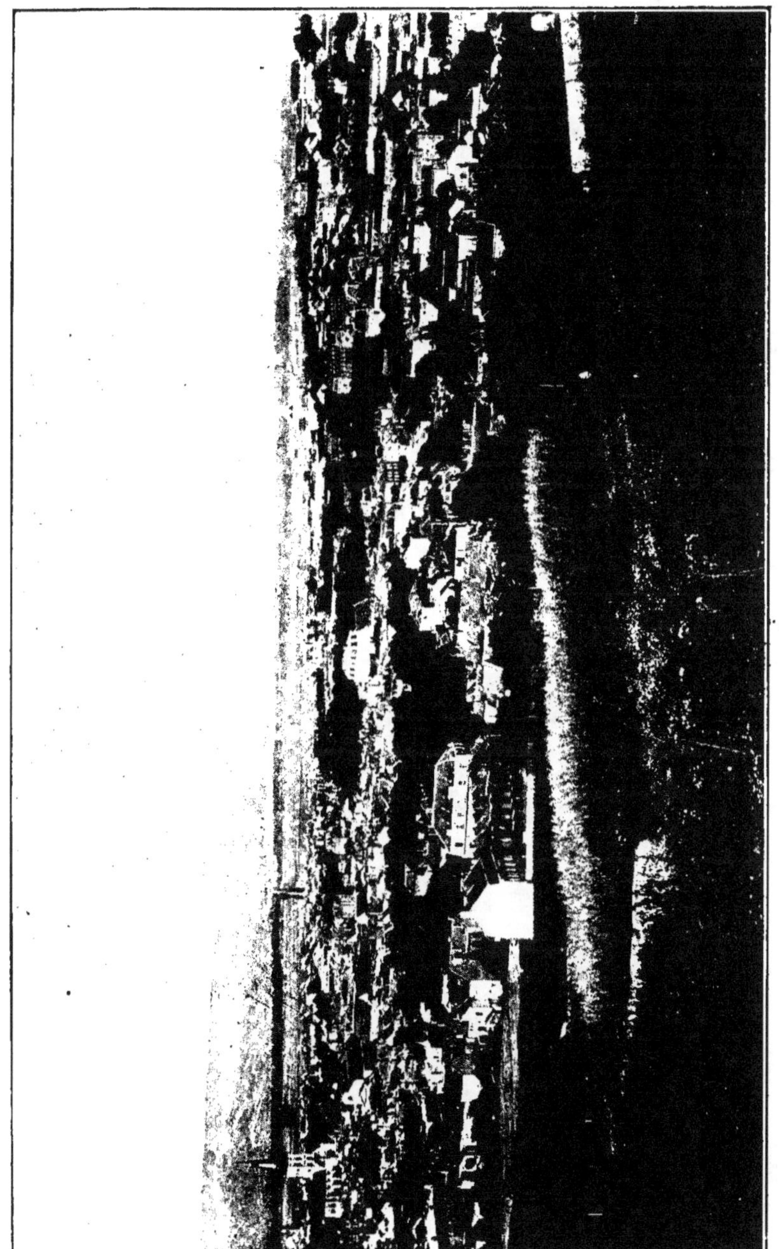

PANORAMA D'ÉPERNAY EN 1910

LE PÈRE DOUSSOT

DOMINICAIN

ET

LA MÈRE ÉLISABETH

CARMÉLITE, SA SŒUR

PREMIÈRE PARTIE

GASTON ET NOÉMI DOUSSOT

CHAPITRE PREMIER

LA FAMILLE DOUSSOT A ÉPERNAY

Épernay, « la ville du vin de Champagne, rien de plus, rien de moins », a dit Victor Hugo, compte, à vrai dire, d'autres gloires. Coquettement assise sur la rive gauche de la Marne, au confluent du Cubry, entourée de grands vignobles d'où coule un vin généreux, elle donne une idée de l'agrément de vivre qu'avaient nos aïeux dans ce coin délicieux de notre doulce France. Ses industrieux habitants joignent au flegme plein de finesse du Champenois une intelligence très-ouverte; et les reparties pleines de sens dont ils assaisonnent leur langage lui donnent, ce qu'a déjà leur vin, un vrai goût de terroir.

Épernay appartint, jusqu'au dixième siècle, à l'église de Reims. Un de ses plus illustres enfants, Flodoard (894-966), chanoine de cette église, puis abbé de Saint-Remi, archiviste érudit, poëte et chroniqueur célèbre, mourut en grande réputation de sainteté et son épitaphe atteste qu'il

> Véquit caste clerc, bon moine, meilleu abbé.

Elle fut réunie à la couronne de France en 1531. François Iᵉʳ la brûla en 1544 pour l'empêcher de tomber au pouvoir de Charles-Quint, puis la rebâtit.

Assignée en douaire à Marie Stuart par François II, en cas de survivance, elle vint y résider après la mort de son jeune époux (1560) (1). Lorsque peu après cette reine infor-

(1) Les anciens habitants désignent encore, à Épernay, comme

tunée s'embarqua pour retourner en Écosse,
le souvenir de cet aimable séjour ajouta, sans
doute, à l'amertume qu'elle éprouvait en voyant
disparaître à l'horizon les côtes de France.
Debout sur le tillac d'arrière, elle répétait sans
cesse, les yeux pleins de larmes : « Adieu,
France! adieu, France! je ne te verrai plus! »
Alors jaillirent de son cœur ces vers où s'exhale
une douleur si touchante :

> Adieu, plaisant pays de France,
>   Ô ma patrie,
>   La plus chérie,
> Qui a nourri ma jeune enfance !
> Adieu, France! adieu mes beaux jours !
> La nef qui disjoint nos amours
> N'a eu de moi que la moitié ;
> Une part te reste, elle est tienne ;
> Je la fie à ton amitié,
> Pour que de l'autre il te souvienne !

— Oui, princesse martyre de la foi catholique,
notre souvenir fidèle attend l'heure de suprême
joie, tardive pour vous sans doute comme pour

emplacement du château de Catherine de Médicis, belle-mère de
Marie Stuart, le carré formé par la place du Marché-au-blé (dite
aujourd'hui place Auban-Moët), la rue Flodoard, la place Flodoard, la rue Saint-Remi et la rue du Collége. Quelques colonnes,
derniers vestiges de cette demeure royale, ont été transportées
dans la cour de la mairie de la ville.

Jeanne d'Arc, où nous verrons l'Église infail-
lible vous offrir à notre culte sur les autels (1)!

De sérieux indices permettent d'avancer que
ce fut précisément dans une dépendance, dernier vestige de la noble demeure de Marie
Stuart, que M. Jean-Baptiste Doussot prit
logis, en 1831, à Épernay, où il venait d'être
nommé juge au tribunal de première instance.

La ville, qui ne comptait alors que cinq à
six mille habitants, n'avait pas l'extension
qu'elle a prise dans la suite. Groupée autour
de sa vieille église Notre-Dame et de son
hôtel de ville, elle ne dépassait guère l'enceinte
des fortifications où Henri IV vint l'assiéger
en 1592. Déjà, cependant, commençaient à
s'élever hors des remparts les habitations
luxueuses des grands propriétaires de vin de
Champagne. On voit encore aujourd'hui dans
le vieil Épernay, au milieu de la place du
Marché-au-blé, actuellement place Auban-
Moët, un hôtel de bourgeoise apparence, avec

(1) Sa cause, considérée comme lorraine parce que Marie
Stuart fut élevée au château de Condé-sur-Moselle, près Nancy,
est pendante devant la Sacrée Congrégation des Rites. L'ordinaire fait le procès de son martyre. Urbain VIII, Benoît XIV,
les cardinaux du Perron et Bellarmin la considèrent comme
ayant donné son sang pour la foi.

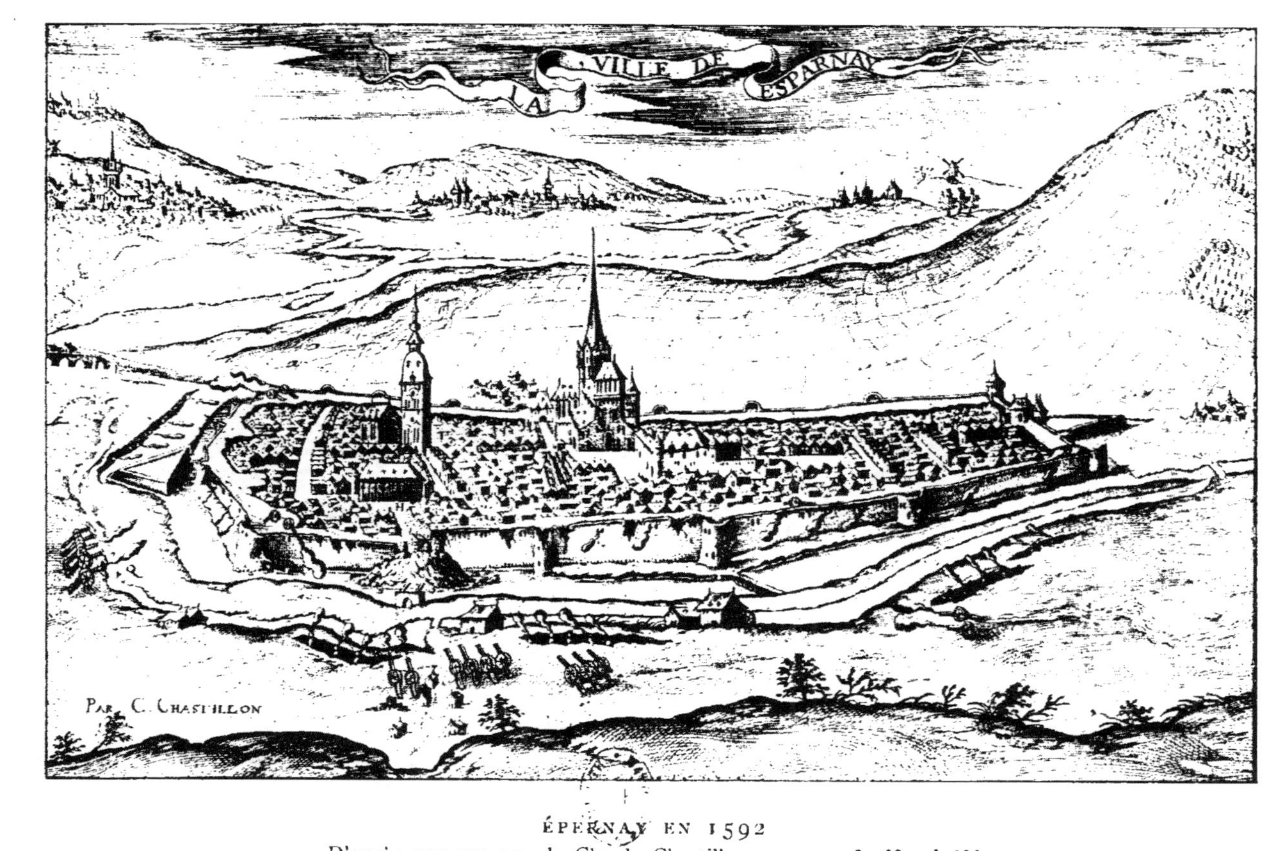

ÉPERNAY EN 1592

D'après une gravure de Claude Chastillon, graveur de Henri IV.

grande porte cochère, rez-de-chaussée et premier étage, escalier monumental, auquel se
rattachaient par derrière deux autres corps de

L'HÔTEL DOUSSOT SUR LA PLACE DU MARCHÉ-AU-BLÉ
(ou Auban-Moët).

bâtiments de même hauteur encadrant une
petite cour : c'est là que M. Doussot vint habiter
avec les siens. Il avait épousé en 1829, à trente-
trois ans, Mlle Élisa Durieu, alors âgée de

vingt-deux ans, dont il avait eu un fils l'année suivante.

Les deux époux donnèrent à leur intérieur le cachet des idées qui dirigeaient leur vie : rien ne rappelait Dieu ni sa religion sainte. Au rez-de-chaussée, dans le grand salon, quelques portraits d'ancêtres, la plupart gens de robe; dans le petit salon de Madame, dans le large vestibule et le cabinet de Monsieur, les tableaux appendus aux murs ne représentaient que des scènes de l'antiquité païenne; au premier étage, dans la salle à manger, des peintures de fruits et de nature morte; rien, dans les diverses chambres, qui indiquât une pensée chrétienne, sauf dans la chambre à coucher de Madame où, dans un angle, un petit crucifix d'argent se détachait timidement sur un fond de velours cramoisi, vague souvenir de famille et de la foi d'antan. Un mobilier de grand style ornait toutes les pièces. Des fleurs, on en voyait partout : Mme Doussot les aimait et se complaisait à renouveler chaque matin la garniture des vases dont elle ornait les deux salons et la salle à manger.

Dans le vaste cabinet de travail de M. Dous-

sot se dressait, au milieu, une immense table
chargée de dossiers. Sur le mur du fond, un
beau corps de bibliothèque en bois sculpté, à
colonnes, divisé en trois compartiments : à
droite et à gauche, de nombreux ouvrages de
droit; au centre, les œuvres de Jean-Jacques
Rousseau, de Diderot, de d'Alembert, d'Hel-
vétius, de tous les grands impies du dix-huitième siècle; mais surtout celles de Voltaire, le
dieu de céans, dont les soixante-dix in-octavo
reliés en maroquin apparaissaient bien en vue.
C'est que M. Doussot professait pour le pa-
triarche de Ferney une sorte de culte enthou-
siaste qui trouvait peu de contradicteurs, hélas,
dans cette génération incrédule de 1830, mais
qui paraîtrait, de nos jours, bien ridicule et
démodé.

Il était pénétré d'esprit voltairien au point de
ne pouvoir retenir, quelles que fussent les personnes présentes, des propos de table souvent
fort lestes, qui faisaient redouter sa compagnie
et portaient plusieurs à s'en tenir éloignés.

Il avait aussi hérité de la causticité de Voltaire et ses mots à emporte-pièce lui eussent
fait plus d'ennemis si tout n'avait été racheté

par un grand fond de bonté, une générosité,
une fidélité à servir ses amis, qui lui rattachaient
les cœurs.

C'était à la religion surtout qu'il en avait. Il
la couvrait de sarcasmes assaisonnés d'anecdotes grivoises sur l'ancien clergé de France.
Cependant il ne s'y laissait aller que chez lui
ou dans un petit cercle d'amis ; car il insinuait
volontiers, après son grand pontife, que la religion a du bon « pour la canaille », c'est-à-dire
pour le peuple, qu'elle contient : aussi son attitude à l'égard des autorités ecclésiastiques
était-elle des plus correctes.

D'ailleurs, magistrat intègre, il maintenait
haut les grandes traditions d'honneur de la
magistrature assise. Il aimait à raconter l'histoire d'une fermière qui, un certain jour, était
venue lui apporter un panier de poulets : « Non,
ma bonne femme, vous êtes sous procès, lui
avait-il dit, je ne veux pas de vos poulets, rem-
portez-les. — Mon bon juge, je vous en prie,
mon bon juge, répétait-elle, acceptez-les, mon
bon juge ! » M. Doussot contrefaisait si comi-
quement la pantomime et le ton chantant de la
campagnarde, avec sa ritournelle : « Mon bon

juge, prenez-les, mon bon juge! » que c'était
à rire aux larmes.

La première victime de son incrédulité avait
été, fait lamentable, sa propre jeune femme.
D'une très-honorable famille de Versailles, elle
descendait en ligne directe de Françoise du
Plessis-Richelieu, sœur du grand cardinal,
mariée à René de Vignerod, seigneur de Pont-
Courlay. Son grand-père maternel, M. d'Amien,
avait épousé une Vignerod; mais il laissa
tomber la particule à la Révolution pour ne plus
signer que Damien : il prit, du moins, un soin
extrême de faire donner à sa petite-fille une
grande éducation.

Intelligente, judicieuse, pleine de sensibilité,
elle subit toutefois l'ascendant de son mari,
esprit supérieur, si bien qu'elle délaissa peu à
peu toute pratique religieuse, vivant à côté du
catholicisme qu'elle feignait d'ignorer. La lecture de Jean-Jacques, trouvé dans la bibliothèque de M. Doussot, la passionna, ainsi que
les romans de celle qui en procédait directement, George Sand, dont la funeste popularité commençait alors : son esprit, nourri des
sophismes de ces deux écrivains si ondoyants

et si pervers, se faussa à ce point qu'elle tomba dans un scepticisme complet.

A la vérité, par la force de l'éducation reçue et de la « respectability » que sa qualité de femme de magistrat lui imposait, sa conduite extérieure demeura toujours pleine de dignité. Sa beauté remarquable était relevée par une grâce si exquise, qu'un de ses contemporains, empruntant un mot de Saint-Simon sur la duchesse de Bourgogne, disait, à son entrée dans un salon, qu'on semblait voir « une déesse marchant sur les nuées ». Elle n'en était que plus réservée sur l'honneur. Aussi, gardienne sévère du décorum, elle tenait fort bien son intérieur dont elle réglait fermement le service.

Il ne faut pas s'étonner que M. Doussot, avide de plaisirs mondains, y entraînât sa femme. Ou il recevait, ou il acceptait des invitations ; si elles s'espaçaient, il volait au théâtre et ne manquait pas un bal. Or, il advint qu'étant allés en soirée chez un ami, la maîtresse de maison se trouva mal et dut se retirer. Les invités, malgré qu'ils en eussent, jugèrent peu convenable de prolonger la danse, et, vers onze heures et demie du soir, chacun s'en fut chez soi. Mais comment dépeindre la stupéfaction de M. et de Mme Doussot, arrivés devant leur hôtel, en voyant les fenêtres de leur grand salon brillamment éclairées, pendant qu'on entendait jouer sur leur Pleyel, qu'ils ménageaient pour les jours de réception, une polka endiablée, qu'exécutait une réunion animée et bruyante? C'étaient leurs gens qui, escomptant leur absence, avaient fait une invitation à toute la domesticité des environs. M. Doussot saisit son passe-partout, entre et se présente brusquement à la porte du salon. En le voyant apparaître, danseurs et danseuses pris de panique, saisissent, qui son chapeau et sa canne, qui son bonnet et son châle, puis se précipitent par les fenêtres dans la rue, laissant seuls les serviteurs de la maison, lesquels attendaient, penauds et déconfits, l'algarade du maître ; mais le galop final avait été si comique que M. Doussot éclata de rire ; désormais vaincu, et son bon cœur aidant, il ne leur tint point rigueur. C'est que, chez lui, la gent domestique elle-même subissait son ascendant fatal et leur indifférence pour la religion était à l'égal de celle de Monsieur et de Madame.

Nous allons admirer les conseils de la Providence faisant surgir de ce milieu sceptique, mondain, sarcastique, voltairien, deux âmes appelées à servir Dieu et son Église dans la pratique de la plus vive foi et des plus héroïques vertus !

CHAPITRE II

GASTON ET NOÉMI

Une année après son mariage, Mme Doussot avait eu le bonheur de voir ses vœux comblés en donnant le jour à un fils, le 16 mai 1830. Il reçut au baptême les prénoms de Gaston et Ferdinand; M. Doussot y ajouta celui d'Honoré, patron des boulangers, par une facétie bien déplacée.

Mme Doussot attendait un nouvel enfant, lorsque le choléra envahit Épernay, enleva la mère de son mari et l'atteignit lui-même. Sans cesse au chevet de ses malades, la fatigue et les émotions amenèrent un enfantement prématuré; une fille naquit le 10 juillet 1832, laquelle, grâce à des soins multipliés, survécut à l'accident.

M. Doussot ne se souciant pas du baptême, le retarda et fit dire à la paroisse qu'on vînt ondoyer l'enfant. Le curé objecta une défense de l'évêque ; mais devant la menace de M. Doussot de ne pas faire baptiser sa fille, il céda. Ce fut seulement le 6 octobre suivant qu'on suppléa les cérémonies du baptême : « Hélas, écrira plus tard la mère Élisabeth, de tous les assistants, seul, le curé croyait et pratiquait ! » Nommée Élisa, Noémi, elle fut, par une contraction familière, appelée Mimi.

Lorsqu'on la fit voir à Gaston, alors âgé de deux ans, l'invitant à embrasser sa petite sœur, il se fâcha et voulut la battre : « Il faut la tuer », répétait-il. Plus tard, devenue prieure d'un Carmel, elle taquinait parfois son frère sur la rudesse de sa première réception : « J'avais raison, répondait-il en souriant, car je désire encore ta mort à la nature. »

Gaston aima vite sa petite Mimi. Ronde comme une boule, elle demeura quatre ans sans proférer autre chose que des sons inarticulés. Elle chérissait son frère, s'attachait à ses pas ; mais, ne pouvant prononcer son nom, elle l'appelait : Fafa !

Or, il arriva qu'un jour, inopinément, à table, elle se mit à parler couramment à la grande surprise et à l'extrême joie de tous. Le lende-

FONTS BAPTISMAUX DE L'ÉGLISE NOTRE-DAME D'ÉPERNAY

main, son éducation commençait! Bientôt l'on

admira, comme un petit prodige, cette enfant de cinq ans qui lisait, écrivait, jouait du piano, s'exprimait en anglais comme en français, con-

NOÉMI

naissait déjà la mythologie et des éléments d'histoire. Mais de prières, point! Mme Doussot était résolue d'élever ses enfants à la Jean-Jacques et de ne leur parler de religion qu'à vingt ans, lorsqu'ils seraient, disait-elle, en état de choisir...

Leurs caractères s'annonçaient déjà avec des

GASTON

différences marquées. Gaston était né débile, la bouche quelque peu de travers : léger défaut qui s'accentua avec l'âge, sans altérer le cachet de distinction répandu sur toute sa personne.

Son tempérament, quoique toujours délicat, se fortifia rapidement; mais son teint demeura pâle. Il avait l'esprit ouvert, avide d'instruction et très-réfléchi. Un trait de son caractère perçait déjà en lui : on le voyait prendre un certain air glacial qui arrêtait net quiconque voulait se livrer à une expansion trop vive, pour ne laisser deviner qu'aux intimes un cœur chaud, délicat, dévoué sans mesure. Mme Doussot se reconnaissait en lui; car, avec une grande ressemblance de physionomie, il avait son exquise urbanité et sa réserve un peu hautaine.

Noémi offrait avec lui un contraste frappant. Pétulante, expansive, exubérante; esprit vif, malicieux, moqueur, sans pitié, aux reparties terribles; mais active, diligente, pratique, amie de l'ordre, voulant déjà une place à chaque chose : vrai portrait de son père, qu'elle rappelait encore par les formes extérieures, la membrure forte, la tête grosse, le front élevé, le galbe du visage aux traits réguliers bien prononcés et la face sanguine.

Il est aisé de concevoir, par ce seul exposé, combien les impressions de ces deux natures seront diverses. Leur gouvernante les avait conduits voir Guignol. On y jouait « la Tentation de saint Antoine ». Les marionnettes, affublées comme des diables, marchaient en troupe, marquant le pas, et chantaient en cadence :

> Démolissons, démolissons,
> De saint Antoine, la baraque,
> Démolissons, démolissons,
> De saint Antoine, la maison !
> Démolissons, etc.

Mimi, qui était assise sur un gradin, au-dessous de son frère, s'agitait, battait la mesure avec ses pieds ; mais quand elle vit l'apothéose de saint Antoine qui s'élevait lentement au milieu de la fumée et disparaissait dans le ciel du théâtre, ne se possédant plus de joie, elle trépignait, frappait ses petites mains, criant : Fafa, Fafa, vois donc ; comme c'est beau ! Gaston, qui posait déjà pour l'homme sérieux, sentant sa dignité compromise, lui intima par un geste si énergique l'ordre de se taire, que Noémi, interloquée, reçut comme une douche froide sur son enthousiasme enfantin. Néanmoins, elle chérissait son frère et subissait son ascendant.

Un autre fait le montrera davantage. Ayant

été menés à une noce, on les fit quêter à l'église, pendant la célébration du mariage : Gaston, tenant Noémi par la main, s'en acquitta avec sa bonne grâce naturelle. Ils s'amusèrent tout le jour ; puis Mme Doussot voulut que sa domestique les ramenât à la maison et les fît coucher. La bonne, qui désirait assister à la soirée, se hâta de les mettre au lit ; peu après, entr'ouvrant les rideaux, elle vit Noémi endormie et son frère qui feignait de l'être, alors elle s'en alla. Mais Gaston souffrait en son amour-propre : tandis qu'il y avait grand dîner, qu'un bal devait suivre, il avait été encore jugé indigne de rester dans la société des grandes personnes, c'en était trop ! Rapidement, il prend sa résolution : « J'irai, décidat-il, quand même ! » Se lever, s'habiller, fut l'affaire d'un moment. Il sortait de la chambre, lorsqu'il réfléchit : « Vais-je laisser Mimi seule ? Et si elle allait se lever et s'il lui arrivait quelque accident ? » En un instant, son parti est pris. Vite, il s'approche du lit de sa sœur :

— Mimi, Mimi, réveille-toi ; nous allons au bal, veux-tu ?

— Au bal ?

— Oui, au bal; c'est beau; il y a beaucoup de lumières et puis on y passe des glaces, des bonbons, des gâteaux!

Avec ces mots magiques on eût fait aller Mimi au bout du monde. Émerveillée, l'eau lui venant déjà à la bouche :

— Je veux bien, dit-elle, appelle ma bonne pour qu'elle m'habille.

— Elle n'est pas là, elle est partie.

— Mais je ne sais pas m'habiller toute seule.

— Je t'habillerai, moi, ne t'inquiète pas.

Alors, il lui défait ses papillotes, arrange tant bien que mal les nattes de ses cheveux, lui agrafe sa robe, la chausse : les voilà prêts. Ils descendent : la porte est fermée! Non, pas à double tour : la serrure peut s'ouvrir de l'intérieur. Gaston saisit le gros bouton, fait effort, tire le pêne, entre-bâille un des battants de la porte cochère : ils sont dans la rue! Trotter jusqu'au lieu de la fête est l'affaire d'un instant. Le valet de chambre, les voyant arriver, ouvre à deux vantaux la porte de la salle du festin et annonce à pleine voix : « Monsieur et Mademoiselle Doussot! » Gaston, fier comme Artaban, redressant toute sa taille, fait une entrée solennelle, donnant gracieusement le bras à Noémi, comme il avait vu faire aux invités. L'amphitryon se précipite pour les recevoir : ce fut parmi les convives une acclamation générale. Mais les enfants comprirent, aux regards courroucés de leur mère, qu'ils avaient fait une sottise. Mimi alla se jeter dans les bras de son père, pendant que Gaston parlementait avec sa mère pour obtenir de rester. On en était au dessert. Tous les conviés plaidèrent leur cause et les bourrèrent de friandises. Mme Doussot appela sa fille pour régulariser sa toilette par trop sommaire. Gaston, voulant montrer qu'il était un homme, dansa jusqu'au matin ; tandis que Mimi, étendue sur un canapé, dormait profondément.

M. Doussot ne savait rien refuser à sa fille, qui le comprenait, en usait et abusait ; la gâtant jusqu'à lui passer des tours pendables, comme celui-ci.

Il avait, à Épernay, un excellent ami dans M. Dubarle, magistrat éminent, qui mourut conseiller à la cour impériale de Paris en 1870. Étant allé dîner chez lui avec sa femme et Noémi, sans Gaston, M. Dubarle se mit à taquiner Mademoiselle sur sa gourmandise qui, en effet, était remarquable : « Je vais tout manger, attends, tu n'auras rien. » L'enfant ne dit mot ; mais, lorsqu'au moment de se mettre à table, M. Dubarle s'éloigna pour aller chercher dans un endroit réservé de sa cave quelques bouteilles de vin vieux, elle le suivit en tapinois, et quand il y fut entré, tira la porte à elle, donna un tour de clef, remonta l'escalier, en fit autant à la première porte, puis vint d'un petit air innocent s'asseoir à table. Mme Dubarle, voyant son mari tarder, donna l'ordre de servir. On avait déjà passé un plat, puis deux, et le maître de la maison n'apparaissait pas. Mme Dubarle commençait à s'inquiéter : « Voilà qui est étrange, quelle affaire peut retenir M. Dubarle? » Mimi, qui venait de nettoyer consciencieusement sa seconde assiette, dit alors : « Je sais où il est, je vais le chercher. » Elle alla ouvrir les deux portes et revint, en courant, se jeter contre son père. M. Dubarle la suivait, furieux, en la grondant bien fort. Et Mimi de répondre : « Pourquoi aussi voulais-tu tout manger et que je n'aie rien? » M. Doussot riait aux éclats de ce qu'il appelait une espièglerie de sa fille ! Il offrit des excuses à son ami et caressa l'enfant; mais il faut reconnaître que tant de faiblesse favorisait beaucoup le développement de cette nature orgueilleuse et indomptable que la grâce ne put ensuite dominer que par d'effroyables luttes.

Elle avait cependant un cœur d'or. Emmenée par sa mère chez une amie, on servit à goûter. Noémi ne mangeait rien et cachait dans ses poches tous les gâteaux qu'on lui donnait. Sa mère, confuse, se prit à lui dire : « Que fais-tu là, Mimi, ce n'est pas bien. — Maman, c'est pour Fafa ! » Elle ne pensait qu'à Gaston, malgré leur nature si dissemblable. Nous voyons là percer en cette enfant de cinq ans cet oubli de soi et cet amour du sacrifice qui deviendra en elle la passion de souffrir et de s'immoler pour le Pape et pour l'Église !

Mais autant M. Doussot était porté pour sa fille, autant l'affection de Mme Doussot s'était concentrée sur son fils : son grand cœur, qu'elle tenait fermé du côté du ciel, se rejetait avec ardeur vers cet enfant bien-aimé, qu'elle chérissait d'autant plus que sa naissance avait failli lui coûter la vie. Elle alla jusqu'à le suivre dans

toutes ses études, voulant s'instruire elle-même
des matières qu'il voyait, afin de l'aider effica-
cement et de hâter ses progrès. Gaston appre-
nait vite et retenait tout. A sept ans, il possédait déjà ce que les autres enfants ne savent
ordinairement que cinq ou six années plus
tard.

Un trait nous le peindra mieux encore. Le
feu éclata dans une maison voisine. M. Dous-
set, inquiet, fit déménager les chambres atte-
nantes, entre autres celle des enfants : « Allez
vite, leur dit-il, enlever ce que vous avez de
plus précieux. » Un instant après, Noémi apparaissait tenant d'une main des jouets et de
l'autre... son oreiller; Gaston, lui, apportait
ses livres de classe!

Mais il ignorait tout de la religion : « Dieu
veillait », selon le mot de Mère Élisabeth. Il
allait révéler son existence à ces deux âmes
innocentes en y faisant concourir, à son insu,
M. Doussot lui-même.

Épernay possédait une école primaire très-
florissante dirigée par les Frères des Écoles
chrétiennes. Or, des méchants répandirent sur
eux une si noire calomnie qu'en peu de jours

leur école se vida. M. Doussot, qui élevait ses enfants en dehors de toute croyance, voulait que ceux du peuple eussent des maîtres chrétiens ; de plus, sa conscience de magistrat était révoltée par la fausseté de l'accusation portée contre les Frères : aussi s'avisa-t-il, pour détourner d'eux cette aveugle méfiance, de leur confier son fils, et il amena les notables de la ville à suivre son exemple.

Gaston avait alors un peu plus de sept ans. Le Frère Humbert, religieux simple et bon, fut chargé de lui enseigner la grammaire et la géographie ; mais constatant son ignorance absolue en matière religieuse, il s'employa sans retard à lui donner les premières notions du catéchisme. Gaston était dans le ravissement ; la grâce de son baptême l'illuminant tout à coup, il buvait les vérités de la foi avec délices. Un Dieu, Créateur, Sauveur, qui l'aimait, et qu'il devait connaître, aimer, prier, servir : lumière céleste qui inondait son âme et faisait tressaillir son cœur ! Il voulut en faire part aussitôt à sa chère Noémi.

Le même soir, lorsque leur bonne se fut retirée, Gaston, qui semble avoir eu quelque pressentiment des difficultés qui l'entouraient, se leva doucement, s'approcha à petit bruit du lit de sa sœur, entr'ouvrit les rideaux et lui dit d'une voix basse et pressante :

— Mimi, dors-tu ?

— Non, pas encore.

— Mimi, tu ne sais pas, eh bien, il y a un bon Dieu !

— Qu'est-ce que c'est que le bon Dieu ?

Noémi, à cinq ans passés, n'avait pas encore entendu prononcer devant elle le nom de Dieu !

Alors, le futur frère prêcheur se mit à lui répéter la leçon de catéchisme qu'il avait apprise en classe.

La Mère Élisabeth, racontant cette inoubliable scène, disait : « Le lendemain, lorsqu'on nous eut couchés, Gaston vint m'appeler de nouveau :

— Mimi, dors-tu ?

— Non.

— Écoute, le Frère a dit qu'il fallait prier le bon Dieu.

— Qu'est-ce que c'est que prier ?

— Je vais te l'apprendre, écoute et répète après moi : Notre Père...

« — Notre Père...

— Qui êtes aux cieux...

— Qui êtes aux cieux... et le reste, jusqu'à Ainsi soit-il. »

Ce fut ensuite le « Je vous salue, Marie », qu'elle apprit de même manière. Tous les soirs, Gaston se levait après le départ de la domestique et faisait réciter les deux prières à sa petite sœur.

Cela ennuyait parfois Noémi, qui marmonnait : « Laisse-moi dormir ! »

Mais Gaston insistait : « Encore une fois, Mimi, et je te raconterai l'histoire de l'oiseau bleu ! »

Alors, elle secouait le sommeil et redisait les prières avec lui.

Là se termina cette instruction religieuse improvisée; car l'exemple des principaux habitants ayant entraîné la population, l'école des Frères vit affluer les élèves comme auparavant et Gaston fut mis au collége d'Épernay. Il eut une chambre à part : Noémi demeura bien seule. Cependant, de temps à autre, elle répétait candidement « Notre Père » et « Je vous salue, Marie », comme Gaston, son ange gardien sur terre, les lui avait enseignés.

Ainsi la divine Providence se jouait des oppositions humaines et découvrait peu à peu ses desseins de miséricorde sur ces deux âmes d'enfants!

CHAPITRE III

GASTON AU COLLÉGE ET AU LYCÉE

Le collége d'Épernay est renommé. Il compta
de tout temps une élite de professeurs, dignes
continuateurs de la grande tradition de science
et de vertu laissée par Flodoard. Gaston entrait
dans sa neuvième année lorsqu'il y fut placé
comme interne.

Il apparaît, dès lors, tel qu'il sera toute sa
vie : passionné pour l'étude ; merveilleusement
doué pour le travail intellectuel et capable
d'une application suivie qui paraît au-dessus
des forces humaines. Avec cela d'un caractère
fort, calme, se possédant déjà comme un
homme fait ; constant dans ses déterminations
et, dès ce temps, esclave du devoir, rigidement
soumis au règlement du collége, il prit vite
et garda toujours la tête de ses classes. Il se
trouva, une année, si chargé de prix qu'il

ne put les porter seul. Studieux au latin, fort
en grec, on le voyait encore, outre son français,
faire de l'anglais, et même de l'allemand, chose
rare alors ; mais sa mère lui avait appris à parler
ces deux langues étrangères qu'elle connaissait
à fond.

Il faut ici rapporter qu'aux vacances son
père, voulant le récompenser selon ses goûts,
tira de sa bibliothèque et lui donna les six in-
octavo de la vieille édition de Vascosan des
Vies des hommes illustres, de Plutarque, tra-
duites par Amyot. L'estime que M. Doussot
en faisait lui venait encore de son coryphée,
Voltaire, qui projetait, écrit-il, de rendre cours
dans le style de son temps à certaines expressions heureuses d'Amyot, dont il regrettait
l'abandon. Gaston se délecta dans la lecture
de ce vieux français naïf, délicat, d'une « grâce
telle », selon Racine, « qu'elle ne peut être
égalée dans notre langue moderne ».

Mais ce qui l'attachait plus que toute autre
chose dans ces récits animés, c'était, tour à
tour, la vertu d'Aristide le Juste ; la modération
de Périclès, qui avait l'art de garder une certaine douceur dans les passages les plus véhé-

ments de ses harangues; l'éloquence fulgurante de Démosthène; le désintéressement de celui qu'il appelait « la hache de ses discours », Phocion; la force d'âme spartiate et les généreux exemples de la vertu romaine, tout le transportait d'admiration et l'enflammait du désir des grandes choses : le magnanime, l'héroïque lui plaisait. Dieu, qui voulait ce cœur tout à lui, l'élevait au-dessus des attraits du plaisir et de l'intérêt, qui séduisent la plupart des hommes, par ces élans vers tout ce qui est beau, noble, sublime. Il préparait ainsi celui que nous verrons aumônier des Zouaves pontificaux, accompagner cette troupe de héros sur le champ de bataille de Patay, s'avancer intrépidement avec elle au travers d'une pluie d'obus et de balles, s'arrêtant à chaque zouave qui tombait pour lui donner l'absolution et, dans une dernière accolade, le pressant sur son cœur avec un chaud baiser, comme pour remplacer la famille absente; se relevant, courant à un autre blessé, sans souci du péril, calme dans le danger comme dans son cloître, heureux de se dévouer pour Dieu et pour la patrie!

C'est aussi dans la traduction des *Vies de*

Plutarque par Amyot qu'Henri IV, le bon roi Henri du peuple d'autrefois, avait pris cette bravoure, cette bonhomie fine, cette grandeur d'âme, qui ont captivé nos pères ; ce livre, écrit-il à Marie de Médicis, « fut longtemps l'instituteur de mon bas-âge... il m'a été comme ma conscience ! »

Les *Dits mémorables de Socrate* recueillis par Xénophon, qui lui furent donnés ensuite, ne firent pas une impression moins profonde sur l'esprit de Gaston. Il ne pouvait plus s'en séparer, le portait toujours sur lui et, la nuit, le posait près de son oreiller. Volontiers il eût dit, comme Mme de Sévigné à propos des *Essais de morale,* de Nicole : « J'en voudrais faire un bouillon et l'avaler. » La dialectique serrée, pressante, de Socrate, faisant, suivant son mot « accoucher les esprits », dans ces dialogues où l'on entend la raison même parlant, lui inspirait l'amour de la sagesse et l'enchantait. Plus tard, lorsque, devenu fils de saint Dominique, il étudiera la philosophie scolastique avec saint Thomas pour guide, son intelligence sera saisie d'un ravissement inexprimable en voyant apparaître dans toute sa

splendeur la Vérité, qu'il avait si imparfaite-
ment, ou, plutôt, si faussement entrevue dans la
philosophie cartésienne de l'Université.

Cependant l'attitude fière de Gaston jointe à sa
primauté incontestée imposait à tous les élèves;
mais sans leur être à charge, car point d'orgueil en lui. C'était un excellent camarade,
ardent au jeu comme à l'étude, et, dans les
récréations ou les jours de promenade, le plus
bruyant de tous : un vrai boute-en-train. Aussi
pendant les vacances, ses parents lui abandon-
naient-ils le corps de logis du fond de la cour,
ancienne dépendance du château royal, très-
reconnaissable encore aujourd'hui, avec une
belle salle au rez-de-chaussée, longue et profonde, plus une autre au premier étage, de
mêmes dimensions; il réunissait là ses amis,
troupe d'écoliers fous comme lui, et organisait
des pièces de théâtre, des amusements de
toutes sortes : c'était assez que la maison ne
s'écroulât pas!

A la vérité, on a peine à s'expliquer comment
sa qualité de fils aîné était respectée par M. et
Mme Doussot, comme par les domestiques, à
ce point que Gaston sortait seul, rentrait quand

il le voulait, sans que personne lui en demandât
raison. Le dimanche, sa toilette faite, il allait à

VIEUX BÂTIMENT DERRIÈRE LA MAISON DOUSSOT

la messe. Ses parents le savaient; mais, fait
digne de remarque, son père même n'osait y
contredire : ce caractère élevé, franc et décidé,

lui inspirait une certaine retenue mystérieuse. Les leçons du Frère Humbert, semence divine tombée dans ce cœur bon et excellent, y avaient germé et poussé des racines profondes. Il se posa immédiatement au collége comme catholique pratiquant et se servit ouvertement de l'aumônier. Nul ne pouvait lui disputer chaque année le premier prix d'Instruction religieuse. Comme on voit le palmier, planté le long des fleuves de l'Orient, grandir en projetant avec vigueur vers le ciel ses rameaux toujours verts et donner en son temps des fruits aussi abondants que délicieux, ainsi cet enfant privilégié puisait sa force aux sources de la foi et croissait généreusement dans la science et dans la vertu : mais combien, dans la suite, se nourriront de sa doctrine ou s'abriteront sous son ombre !

Jamais sa foi ne connut les atteintes du doute. A dix ans, il alla suivre, de lui-même, le petit catéchisme à la paroisse ; l'année suivante, il assista au grand catéchisme ; puis, la veille de l'ouverture de la retraite, il annonça d'un ton simple et net à sa mère qu'il voulait faire sa première communion avec les autres enfants du collége : elle ne dit mot, non plus que le père. Ce fut le 3 juillet 1842 que ce cœur si fervent et si pur s'unit à Jésus dans l'Eucharistie : il s'offrit tout entier pour servir à jamais ce Dieu qui se donnait à lui sans réserve ! Hélas, aucun des siens ne l'accompagnait à la table sainte ; sa mère seule assistait par convenance à la cérémonie : son âme, déjà si ferme, n'en fut point ébranlée.

Quelques semaines après, dans la distribution des prix, Gaston était mis hors concours sur toutes les matières de classe : M. Doussot résolut alors de lui faire compléter ses études à Paris et, dès le mois d'octobre suivant, il était placé comme pensionnaire à l'institution Jauffret, d'où il devait aller suivre les cours du lycée Charlemagne. Il demeura ainsi trois ans externe ; puis entra interne à Charlemagne, au commencement de l'année scolaire 1845-1846.

Les mêmes succès l'y suivirent ; Mme Doussot en constatait avidement les progrès. Son orgueil maternel la portait à saisir les moindres prétextes pour aller à Versailles, où sa mère, Mme Durieu, devenue veuve, habitait ; le chemin de fer, récemment construit, lui permettait de se rendre facilement auprès de son jeune lycéen. Elle avait encore en ce lieu une sœur mariée à un professeur renommé, M. Peyré, examinateur pour Saint-Cyr, qui tenait un salon où se réunissaient des universitaires, littérateurs et savants. Mme Doussot se délectait dans ce milieu où ses belles qualités d'esprit lui donnaient de briller : elle écrivait alors des traductions d'auteurs allemands, qui furent remarquées. Gaston, chaque jour de congé, accourait auprès d'elle. Il ne se peut rien concevoir de plus exquis que ce tendre retour d'affection uni à cette correspondance de goûts élevés entre la mère et le fils : Mme Doussot s'efforçait de les maintenir afin de comprendre Gaston et de rester appréciée de lui. Lorsqu'elle devait rentrer à Épernay, il allait chez ses correspondants à Paris, M. et Mme Dubarle, anciens Sparnaciens, amis de la famille, qui le recevaient comme l'enfant de la maison, si bien qu'il leur garda toute sa vie la plus affectueuse reconnaissance, s'attachant à leur propre fils par une amitié intime.

Ainsi tout se soutient en lui : amour de l'étude, vive foi, pureté de cœur, droiture, piété filiale, dévouement : tout concourt à former un beau caractère et une nature d'élite.

Qui n'admirerait l'ingénieuse et parfaite délicatesse avec laquelle il tente de réduire l'incrédulité de ses parents en leur persuadant d'inviter l'aumônier du lycée Charlemagne à faire un séjour de vacances à Épernay? M. Doussot, au contact de ce prêtre éminent, voyait ses sophismes voltairiens découverts, en même temps que l'estime du clergé catholique pénétrait dans son esprit prévenu. Mme Doussot, encore plus impressionnée par la haute intelligence de cet ecclésiastique, comme par celle de son fils, sentait ses préjugés s'effriter. L'espoir de ramener les siens à la foi de leurs aïeux commençait à naître dans le cœur du jeune apôtre.

Quelle consolation aux chrétiens fidèles quand ils voient cette suite dans les desseins de Dieu et cet enchaînement providentiel d'événements qui amènent les âmes avec une force divine, mais d'une suavité infinie, jusqu'à la vérité et à la vie dans le Christ Jésus!

CHAPITRE IV

ÉDUCATION DE NOÉMI.
DIEU L'ATTIRE A LUI

Dieu, qui fait tout en son temps, avait laissé séparer Gaston de Noémi pour manifester sa Providence en déjouant le plan d'éducation athée formé par les parents.

Noémi avait six ans lorsque Gaston fut placé comme interne au collége d'Épernay. Il revenait à la maison paternelle les jours de congé et durant les vacances ; mais il semble n'avoir plus eu sur sa sœur aucune pieuse influence : soit qu'ayant chacun leur chambre il fût empêché de lui parler sans témoin ; soit que l'aumônier eût modéré son zèle, de peur qu'en voulant trop faire, il ne vînt à tout compromettre. D'ailleurs, Mme Doussot, qui s'était emparée de l'éducation de sa fille avec la force d'application qu'elle mettait à toute chose,

entendait bien y suffire seule. « Je tâche », écrivait-elle à Mme Dubarle, « de lui faire connaître
le prix du temps : elle s'occupe assidûment.
Nous nous levons de bonne heure et la journée
est bien remplie; le matin, pendant que je la
coiffe, je veux qu'elle me récite des vers, et
pour l'encourager j'en apprends moi-même... »
Le travail était réglé; chaque chose venait à
son heure, même les délassements et la promenade. Cette formation eût été complète si la
religion y avait eu sa part; Mme Doussot poussait fort avant l'instruction de sa fille et cherchait à lui inspirer des sentiments élevés; mais
elle était résolue de la maintenir, selon l'*Émile,*
en dehors du surnaturel : Dieu allait, sans tarder
davantage, s'emparer de cette âme.

Au reste, à huit ans, Noémi en était encore
aux deux prières, « Notre Père » et « Je vous
salue, Marie », que Gaston lui avait apprises;
mais « je sentais déjà le besoin de l'infini, aimais
à être seule et à regarder le ciel », écrit-elle
dans quelques notes sur son enfance.

Or, il y avait à Épernay un pensionnat tenu
par des Sœurs auxquelles M. Doussot avait
eu l'occasion de rendre quelques services. En

témoignage de gratitude, elles vinrent prier Noémi d'assister à la fête qu'elles célébraient en l'honneur de sainte Chrétienne, leur patronne, le 15 décembre suivant; il devait y avoir une représentation, des chants, des jeux : ses parents y consentirent. Mais on n'avait pas dit que le programme comportait, en premier lieu, une messe en musique avec exposition du Saint-Sacrement; puis un salut solennel pour clôturer la journée. Noémi dut s'exécuter. Personne ne pouvait soupçonner les sentiments qui agitaient son cœur, car en dehors du jour lointain où, petite enfant, elle avait quêté avec Gaston dans une célébration de mariage, jamais elle n'avait franchi le seuil d'une église ni entendu parler de messe! « Je me souviens encore, à plus de cinquante ans de distance », disent les notes dont nous venons de parler, « de l'impression qui me saisit quand j'entrai dans la chapelle éblouissante de lumières, et que je me vis au milieu de ces jeunes filles qui avaient l'air si habituées à ce qui se passait... Le prêtre, ses ornements sacerdotaux, les cérémonies... tout me captivait...

« A l'élévation, j'imitai mes compagnes, je

n'avais jamais vu personne s'agenouiller : je le
fis pour la première fois de ma vie. Toutes les
têtes s'étaient inclinées, seule la mienne restait

UNE SŒUR DE SAINTE-CHRÉTIENNE

levée, les yeux fixés sur le prêtre. Quand il
éleva les mains : ô merveille, je voyais l'Enfant
Jésus et non l'hostie sainte!… J'étais palpitante d'émotion… La messe achevée, le Saint-
Sacrement fut exposé… : le divin Enfant m'ap-

paraissait encore, mais dans les bras de la Sainte Vierge !

« Pensant que toutes les personnes présentes jouissaient de la même vision, je demandai à ma plus proche voisine quel était cet enfant, avec cette dame qui paraissait être sa mère, et qu'on voyait... là... Elle me regarda toute surprise et se mit à parler autour d'elle ; il se produisit un chuchotement qui alla jusqu'aux maîtresses... Je me sentis rougir, comprenant que je devais ensevelir ce secret dans mon cœur...

« Je revins à la chapelle pour le salut. Jésus Enfant et la Vierge Marie m'apparurent de nouveau dans l'hostie exposée sur l'autel... Lorsque le prêtre leva l'ostensoir pour bénir l'assistance, j'inclinai la tête en pleurant, et, dans un profond recueillement, j'attendis qu'on vînt me chercher.

« Je me gardai de rien dire : mes parents ignorèrent tout...

« Mais j'aimais Jésus ! J'aimais Marie ! Gloire à Dieu ! »

Ici l'action de Dieu prend en Noémi une forme plus pressante pour tourner toutes ses pensées à la réforme de ses mauvais penchants.

Nous lisons dans ses notes : « Ma mère était
liée à la femme d'un fonctionnaire dont la fille
était ma petite amie. Cette enfant me dit, un
jour, que sa mère l'avait menée se confesser et
me confia ses impressions. Cela me parut fort
mystérieux ; aussi j'osai demander à la mienne :
quand elle me conduirait à confesse ? Elle me
repoussa et me défendit d'en jamais reparler :
j'obéis. Mais la pensée de la confession me
hantait. C'est pourquoi, dans une visite à cette
famille, nos mères étant sorties, je proposai à
Céline F. d'aller nous confesser. Je ne me souviens plus des moyens que nous prîmes, ni si
une domestique nous accompagna ; toutefois,
nous entrâmes dans l'église. Un prêtre était au
confessionnal ; mais je ne savais rien, ni « Con-
« fiteor », ni ce qui était péché... Je pense qu'il
dut avoir une grande compassion de moi ; il se
borna à me dire d'être bien sage et me renvoya en me donnant des bonbons : ce qui ne
me satisfit pas. »

Ce n'était pas vaine curiosité, mais un ins-
tinct de grâce qui la poussait, ou plutôt comme
un pressentiment que si Dieu ne s'emparait de
son âme, son caractère, si fort, allait se fixer

dans l'orgueil et devenir, peut-être, incorri-
gible. En effet, elle aimait à paraître, cherchait
adroitement les louanges; pleine d'elle-même,
elle voulait dominer; imposait ses volontés,
avait le verbe impérieux et, si l'on résistait,
savait faire jouer l'influence paternelle; ardente
à tout, à l'excès, elle était encore friande de
bons morceaux, comme son père, du reste,
dont elle prenait tous les vilains défauts. Elle
lui débitait des fables, les chansons comiques à
la mode, avec un esprit, un entrain, une mi-
mique, à lui désopiler la rate. Lorsque sa femme
lui reprochait de gâter sa fille en cédant à tous
ses caprices, M. Doussot répondait : « Si ce
qu'elle demande est raisonnable, pourquoi le
lui refuser? » D'où l'enfant concluait : « Comme
je ne désire jamais rien que de sensé, on doit
donc m'accorder tout ce que je veux. » Elle
détestait certaine robe à raies jaunes que sa
mère exigeait qu'elle portât; outrée d'avoir à
céder, elle la déchire de bout en bout; puis,
fuit la correction en courant se jeter dans les
bras de son père. Le bon M. Doussot, toujours
le même, l'embrassa : « Tu as bien fait, Mimi,
cette robe était affreuse, je t'en achèterai une

autre en soie. » Ce qu'il fit. A quoi pouvait aboutir une telle condescendance? En une autre circonstance, accompagnant sa mère chez deux vieilles et très-respectables demoiselles, l'une d'elles se mit à blâmer librement M. et Mme Doussot de l'éducation donnée à leur fille. Noémi, piquée par ce propos, voulut le faire expier. Lorsqu'on se sépara, elle suivit sa mère jusqu'au bas de l'escalier; puis, sous un prétexte, remonte rapidement, ferme à deux tours la serrure de la porte de ces personnes, jette la clef par la fenêtre dans le jardin attenant et vient rejoindre tranquillement Mme Doussot qui ne se doutait de rien. Ces demoiselles s'aperçurent vite qu'elles étaient enfermées; elles appelèrent à grands cris les voisins; il fallut une recherche assez longue pour retrouver la clef; pendant ce temps, elles se lamentaient, s'exclamant contre Noémi, qu'elles accusaient de ce méchant coup. L'affaire fit du bruit. Lorsque M. Doussot questionna sa fille sur le motif de son action, qu'elle ne dissimulait pas, d'ailleurs, la petite malicieuse répondit ne pouvoir souffrir qu'on critiquât son père : celui-ci, touché, prit sa défense et lui donna raison. De cette sorte, elle était toujours maîtresse : si Mme Doussot reprochait à Noémi d'abuser de la bonté paternelle, elle se permettait de répondre impertinemment : « Mais vous-même, maman, savez-vous refuser quoi que ce soit à Gaston? »

Cependant Dieu, qui avait dessein de se servir de cette enfant pour sa gloire, l'avait ornée de précieuses qualités. Elle était inclinée à l'obéissance, à ce point que, détestant les poupées, elle en portait une à la promenade parce que sa mère le désirait; elle abhorrait le mensonge comme une lâcheté; elle observait avec fidélité son règlement quant au lever matinal et à l'emploi de ses journées; très-assidue à l'étude, elle ne l'était pas moins au travail des doigts; quoique désirant en son cœur l'émulation du pensionnat et la société des petites filles de son âge, elle cédait à sa mère qui voulait l'instruire elle-même; elle tenait de son père un esprit pratique, d'organisation et d'ordre, qui faisait déjà dire : ce sera une femme entendue à toutes choses; elle aidait aussi à la bonne tenue de la maison comme à la garniture des vases de fleurs, sachant avec quelques roses et un peu de verdure faire de délicieux bouquets; elle était pleine de la plus affectueuse tendresse pour ses parents et pour Gaston, mais surtout prodigue d'attentions pour son père chéri, se multipliant avec sa mère pour lui rendre la vie agréable par ces mille petites prévenances délicates auxquelles sont ordinairement très-sensibles les hommes d'étude ou chargés d'affaires absorbantes; son rire, frais et sonore comme une cascade dans les montagnes, l'entrain de l'enfance, une grâce naturelle extrême, relevée encore par la vivacité de l'esprit, rallégraient tous les cœurs, faisant d'elle, en somme, pour son père et sa mère, une compagnie charmante.

Il est vrai que, sous de brillants dehors, ce caractère superbe, demeuré intraitable, dévalait vers l'abîme. Il ne pouvait être transformé par cette éducation sans Dieu, qui niait le péché originel avec ses suites, en leur donnant champ libre. Mais lorsque Rousseau lui-même, au début de l'*Émile*, déclare que sa conception est utopie pure, et convient, en terminant, que cet être, ainsi élevé, n'est propre à rien dans la société : on se demande par quelle aberration d'esprit Mme Doussot voulait immoler son enfant sur l'autel de ce sophiste demi-fou? Gaston avait été soustrait par son genre d'éducation à la contagion du foyer paternel : aussi voit-on ses facultés, comme son caractère, prendre un développement normal dans une vertu qui ne connaîtra jamais d'éclipse; tandis que Noémi, soumise à ce pernicieux contact jusqu'à vingt ans, devra, toute sa vie, réagir pour dissiper les notions fausses accumulées dans son esprit et livrer d'opiniâtres combats pour surmonter sa nature comme pour réduire son orgueil, afin d'assurer toujours en elle le triomphe de la vertu et de la foi.

Mais plus le danger grandit, plus la grâce se fait conquérante : la Providence vient offrir à cette âme en péril un puissant moyen de salut.

Mme Doussot ne put se refuser à voir qu'elle se singularisait à l'extrême et se mettait sur toutes les langues en privant sa fille de la première communion; car la bourgeoisie voltairienne de la monarchie de Juillet, malgré l'incrédulité ambiante, restait, comme le peuple, attachée à cette touchante pratique religieuse.

Mme Doussot s'y résigna et chargea une de ses domestiques de conduire Noémi au catéchisme de la paroisse. Au retour, elle s'informait du chapitre donné à apprendre par cœur, veillait à ce que sa fille le sût; mais n'ajoutait aucune explication. L'enfant écoutait attentivement celle que donnait le prêtre; mais elle dut avouer n'y rien comprendre : c'était comme s'il avait parlé une langue qu'elle ne connût pas; car les notions les plus élémentaires et les exercices même les plus simples de la religion lui étaient complètement étrangers. Il eût fallu qu'il la prît en particulier et s'attachât à lui expliquer le sens de chaque phrase. Le Curé le pressentait; mais il connaissait l'état d'esprit des parents et craignait, en s'avançant trop, de les porter à retirer leur fille. Sa perplexité, déjà grande, s'accrut encore lorsque ayant exigé, selon l'usage, qu'elle s'approchât du tribunal de la pénitence, il se rendit compte de son manque absolu de préparation. Il remit à plus tard pour l'absoudre, se demandant avec anxiété comment agir en pareille conjoncture?

Le jour fixé pour la première communion était publié. Mme Doussot reconnut avec sa parfaite droiture qu'elle ne pouvait initier sa fille à ce qu'elle ne voulait ni croire, ni pratiquer, ni souffrir qu'on crût et pratiquât autour d'elle et résolut de la placer quelque temps chez les Sœurs de Sainte-Chrétienne. Là, Notre-Seigneur et sa très-sainte Mère s'étaient miséricordieusement révélés à Noémi : tout semblait devoir la rendre docile aux inspirations de la grâce. Il n'en fut rien : les lacunes de son éducation première vinrent encore ici se mettre à la traverse. Elle n'avait jamais connu la régularité d'un pensionnat religieux, et de plus elle se trouvait enserrée dans les exercices d'une retraite : prières prolongées, lecture faite par une maîtresse, chemin de croix, instruction à la chapelle, la récréation du soir supprimée; elle, habituée à veiller, dut se coucher avec le soleil : « comme les poules », disait-elle; le silence imposé, la mine sérieuse que prenaient les enfants, tout l'étonnait, l'ennuyait, l'agaçait. Elle aimait Jésus et la Sainte Vierge, mais à sa mode indépendante, sans exercices réglés. Les Sœurs eussent dû se rendre compte de la mentalité de cette enfant extraordinaire, gagner peu à

peu sa confiance et lui instiller la piété à petite
dose, comme on allaite un nouveau-né. Ce
n'est pas tout : les quolibets burlesques et les
turlupinades frivoles de son père sur les nonnes
et les nonnettes, réédités de Voltaire,

Ma fille est *nonne; ergo,* c'est une sainte.....

lui revenaient sans cesse en mémoire à la sug-
gestion du malin esprit ; notamment, ceux qui
avaient trait aux Sœurs de Sainte-Chrétienne,
lesquelles, disait M. Doussot, parmi la prodigieuse variété de coiffures dues au génie inven-
tif des religieuses, avaient eu le bon goût d'en
choisir une laide à plaisir : de sorte que l'es-
piègle, du plus loin qu'elle voyait apparaître
une cornette, était prise d'un fou rire.

Voici un autre fait qui n'est pas moins *sui
generis.* Le pensionnat et le palais de justice
étaient contigus. Noémi s'aperçut qu'on répa-
rait le mur mitoyen, contre lequel on avait
déposé un gros tas de moellons. Elle réfléchit :
c'était l'heure où les juges siégeaient. Aussitôt, s'aidant des pieds et des mains, elle grimpe
jusqu'au faîte du mur, saute dans la cour du
palais, monte le grand escalier, traverse en

courant la salle du tribunal, franchit l'estrade et va se jeter au cou de son père, qu'elle enlaçait de ses bras : « Papa chéri, voilà huit longs jours passés sans te voir! » L'avocat plaidant s'arrête; l'audience est suspendue. M. Doussot, en robe rouge et en toque, jugeait une affaire avec deux collègues, qui riaient d'aise à cette vue. Ému de cette marque de profond attachement, il embrasse sa fille, puis s'absentant un moment, la ramène chez les Sœurs, demandant grâce pour elle.

On voit le geste découragé de M. Appert, branlant la tête en laissant tomber ses bras, lorsqu'il apprit, en cette veille de la première communion, toutes ces incartades. Comment admettre une telle enfant? Mais comment la refuser au dernier jour quand la robe blanche est prête, avec le reste? Persuadons-lui, pensat-il, de dire elle-même à ses parents qu'elle peut attendre à l'année prochaine afin de se mieux préparer. Quelle ne fut pas sa surprise lorsque, dès les premiers mots, Noémi, saisissant où il voulait en venir, éclata en sanglots déchirants : « Ah! vous allez m'empêcher de recevoir mon Jésus, mon Sauveur! » Le Curé, stupéfait,

INTÉRIEUR DE L'ANCIENNE ÉGLISE NOTRE-DAME A ÉPERNAY.

insiste : « Quoi, vous tenez à faire votre première communion demain, et puis vous ne reviendrez plus à l'église ! » Mais elle, tombant à genoux, les mains jointes : « Monsieur le Curé, je vous promets de remplir tous mes devoirs de chrétienne ! » Touché aux larmes, M. Appert la conduisit au confessionnal, lui donna l'absolution, la première qu'elle eût encore reçue, et, le lendemain, 14 juillet 1844, Noémi communiait avec une ferveur telle, qu'on put difficilement l'arracher de l'église. Que se passa-t-il alors dans son cœur? Elle ne l'a jamais dit; cependant on la voyait chaque année, à l'approche de cet anniversaire, s'y préparer par des prières ardentes et le célébrer avec une dévotion si tendre, que toujours on pensa qu'elle avait dû y recevoir quelque grâce insigne : est-ce que ce ne fut pas la vocation au Carmel?

Sur ces entrefaites, Mme Doussot, ayant appris la mort de son jeune frère, Adolphe Durieu, jugea nécessaire d'aller à Versailles pour consoler sa mère et pour se rendre compte par elle-même des progrès de Gaston. Comme il fallait pourvoir à son intérieur de maison durant son absence, elle crut convenable de le confier à sa fille; l'appelant donc, elle lui dit d'un ton pénétré : « Tu dois être devenue raisonnable puisque tu as fait ta première communion : aussi je te charge de me remplacer; tu achèteras ton deuil, celui des domestiques, et tu veilleras à ce que tout marche régulièrement comme si j'étais ici. »

Prenant en mains toutes choses, Noémi, avec un sérieux au-dessus de son âge, alla dans un magasin faire ses achats. Mais tandis que Mme Doussot, esprit plus spéculatif que pratique, comme sera, d'ailleurs, son fils, demeurait longtemps hésitante dans ses choix, se faisant montrer une pièce d'étoffe, puis une autre, et encore une troisième, pour revenir à la première, ne sachant à quoi s'arrêter, sa fille, au contraire, étonna le marchand par la rapidité de ses décisions, fixant nettement ce qu'elle prenait, avec la forme à donner aux vêtements de deuil. Elle apporta la même simplicité et fermeté dans l'ordonnance de la maison, déterminant ce que chacun devait faire, sans avoir jamais à revenir sur un ordre donné; réglant tout avec cette aisance qui rend l'obéissance facile et supprime même les velléités de résistance : il semblait qu'elle fût née pour le commandement; si bien que M. Doussot, admirant sa maëstria, était le premier à se ranger aux dispositions prises.

Représentez-vous la joie de Noémi se trouvant libre de suivre ses attraits pour la piété. Elle commença par l'assistance à une messe basse les dimanches et les fêtes; après quoi, moins d'un mois après sa première communion, elle vint, un samedi, prendre rang parmi les personnes qui attendaient devant le confessionnal de M. le Curé. Lorsque arriva son tour, M. Appert l'apostropha :

— Que venez-vous faire ici, Noémi?

— Tenir ma promesse, monsieur le Curé; vous aviez craint que je ne revinsse jamais à l'église; eh bien, j'entends la messe chaque dimanche, et me voici pour me confesser afin de communier demain.

M. Appert, frappé de l'énergie de cette jeune fille, hier encore enfant si étourdie, laissa tomber son habituelle sévérité de principes et lui permit de s'approcher de la sainte table toutes les fois qu'elle le pourrait.

C'est qu'en effet régnait une coutume inflexible qui obligeait d'attendre un an pour communier la seconde fois ; on renouvelait la première communion avec ceux qui la faisaient l'année suivante : étrange décision, quelque peu janséniste, de l'ancien clergé français.

Considérez maintenant la surprise de madame Doussot lorsque, revenant à Épernay après six mois d'absence, elle constata le bel ordre que Noémi avait su établir ! Elle eut le bon sens de reconnaître le mérite de sa fille et de laisser les choses en l'état : ce fut avec bonheur qu'elle lui abandonna toutes les questions de ménage qui lui étaient insupportables. Il est vrai qu'il n'était pas toujours facile d'y satisfaire, car M. Doussot recevait souvent, voulait que le service fût parfait, alors qu'il oubliait, parfois jusqu'au dernier moment, d'annoncer la venue de nombreux invités : cependant Noémi avait l'esprit si entendu et déployait une telle activité qu'elle faisait face à toutes ses exigences.

En retour, elle obtint de sa mère la permission d'assister à la grand'messe du dimanche, sous prétexte que M. le Curé lui avait confié la direction d'un chœur de jeunes filles :

Mme Doussot n'osa rien refuser à une enfant si raisonnable. Une femme de chambre l'accompagnait jusqu'à la porte de l'église; elle allait droit à la sacristie : M. Appert l'attendait, pour la conduire à la chapelle de la Sainte Vierge, où il lui donnait la communion; puis elle rejoignait le groupe des chanteuses dans la nef.

Mais, ô disgrâce! ses parents furent avertis de ce pieux manège par une langue maligne. Rentrés au logis, Mme Doussot fit à Noémi d'amers reproches, l'accusant de fausseté, la taxant de mauvaise foi; quant au père, il s'emporta avec une violence sans mesure. La pauvre enfant, accablée, s'affaissa dans un fauteuil et s'évanouit de douleur. M. Doussot, la voyant tomber, regretta d'être allé si loin, et lorsque Noémi fut revenue à elle : « Allons, lui dit-il, je vois bien qu'il faut que j'en passe encore par où tu veux : je te laisse libre, entends-tu? Embrasse-moi et que ce soit fini. »

Peu après, le 23 juin 1845, Mgr de Prilly, évêque de Châlons-sur-Marne, vint donner la Confirmation à Épernay. M. le Curé fit prévenir Noémi. Elle était au lit, atteinte d'une fièvre de croissance; mais ses parents voulu-

CHAPELLE DE LA SAINTE VIERGE DE L'ANCIENNE ÉGLISE NOTRE-DAME

rent satisfaire son ardent désir de recevoir ce
sacrement : ils la firent porter à l'église Notre-

Dame en voiture, quoique la place du Marché-au-blé n'en fût distante que de quelques pas. L'Esprit-Saint imprima dans cette âme prédestinée ce caractère de force et de virilité spirituelle qui consomme la vie surnaturelle : à partir de cette heure, on ne vit plus rien en elle qui rappelât l'enfance.

C'est une chose surprenante dans la conduite de Mme Doussot que son ardeur pour s'instruire toujours davantage : son âme ne cherchait-elle pas à combler ainsi le vide qu'y laissait la foi disparue ? Elle écrivait à son intime amie, Mme Dubarle : « On a le tort, dans les existences occupées de mille détails comme les nôtres, de négliger trop les minutes et de ne vouloir se mettre à l'étude que lorsqu'on a un temps libre considérable devant soi : ce temps ne vient jamais. Tandis qu'il n'y a point de jour, si occupé qu'on le suppose, où l'on ne puisse apprendre quelque chose de nouveau, faire un travail de rapprochement ou d'analyse. Si l'on ajoute ce labeur fructueux à celui du lendemain, puis des jours suivants, en s'efforçant de ne rien oublier, on peut acquérir une culture intellectuelle très-développée. Il est quantité de besognes qui sont obligatoires pour nous, sans doute ; mais purement machinales et qui n'empêchent pas de penser : je crois donc que l'essentiel est de conserver la vigueur nécessaire pour toujours vivre de l'esprit, et, si on le veut généreusement, on en trouvera le moyen. Combien de jeunes femmes, intelligentes et bien douées, se laissent accabler par les exigences mondaines et s'étiolent, en émiettant leur vie. Elles se confinent dans la niaiserie des visites et de mille riens qui les absorbent : leur génie naturel s'atrophie, et leur âme, n'étant plus nourrie, se trouve être sans énergie dans les jours difficiles. »

Elle stimulait sa fille, lui procurant d'excellents professeurs dont elle partageait aussi les leçons. Cependant, Noémi obtint de n'étudier à la maison que les arts d'agrément et de suivre les autres cours à Sainte-Chrétienne.

Les absences de sa mère allaient toujours se multipliant : elle en profita encore pour augmenter le nombre de ses communions ; mais le diable tenta de s'y opposer d'une manière fort curieuse.

Mme Doussot se trouvant à Paris, un samedi,

fut priée d'accompagner une de ses connaissances chez une somnambule. La consultation terminée, fantaisie lui prit de savoir ce que faisait Noémi à Épernay. La voyante voulut toucher un objet qui appartînt à la jeune fille : aussitôt elle dit l'apercevoir à l'église, agenouillée dans une espèce d'armoire, où elle s'entretenait à voix basse avec un prêtre. Mme Doussot, blessée au vif, et de la chose même, et des regards moqueurs de son amie, regagna vivement sa demeure, d'où elle écrivit à Noémi une lettre furibonde pour lui interdire, à tout jamais, d'aller se confesser.

Noémi reçut cette épître comminatoire le surlendemain : le fait était vrai ; mais sachant que sa conscience lui appartenait, elle ne laissa pas de la purifier régulièrement chaque semaine, nonobstant l'arrêt si arbitrairement porté par sa mère.

Pendant que ces événements se succédaient, la constitution physique de Noémi prenait son complet développement avec tant de rapidité, que Mme Doussot revenant à Épernay après en avoir été éloignée durant sept ou huit mois, eut, un instant, peine à reconnaître sa fille qui venait au bras de son père à l'arrivée de la diligence,

ANCIEN PORTAIL DE L'ÉGLISE NOTRE-DAME

et ne put retenir une vive exclamation de surprise.

Ce n'était plus, en effet, la grosse pouponne,

toute rondelette, du temps jadis : elle allait atteindre sa seizième année, et, volontiers, on lui en eût donné vingt. Grande, forte, elle avait le port majestueux, la démarche imposante, sans que la contenance cessât d'être extrêmement gracieuse. Sa chevelure, très-abondante, l'enveloppait tout entière comme un vêtement, lorsque sa mère la peignait ; très-noire, elle prenait, à la lumière, des reflets de jais. Le visage plein, allongé, aux traits réguliers, montrait un beau front, large, élevé, aux lignes très-pures, où des sourcils noirs bien arqués, épais, encadraient, en les faisant ressortir, de grands yeux noirs, ronds, un peu enfoncés, étincelants comme des étoiles. Le nez était droit, fort, indice de ferme volonté ; la bouche moyenne, finement dessinée, avec un plissement de lèvres ordinairement spirituel et bon, parfois caustique ; le menton rond, proéminent, base solide de la face, indiquait l'énergie du caractère ; le teint, un peu brun, avec des pommettes et des lèvres d'un bel incarnat ; deux délicieuses fossettes qui se creusaient dans ses joues, quand elle s'épanouissait, ajoutaient au charme du sourire ; elle avait les plus jolies mains blanches qui se pussent voir ; le pied petit, cambré, la démarche assurée, avec l'aisance que donne l'art de danser. Elle garda toute sa vie la tenue ferme qu'exigeait sa mère, selon l'ancienne éducation française si bien caractérisée par cette apostrophe que lançait Mme de Maintenon chaque fois qu'elle entrait dans une classe de Saint-Cyr : « Tenez-vous droites, Mesdemoiselles ! » On ne supportait rien, alors, qui marquât le laisser-aller ou l'absence de possession de soi. L'ensemble plaisait en Noémi par l'harmonieux rapport de toutes les parties plutôt que comme beauté plastique ; mais plus encore par une expression indéfinissable de hauteur morale et d'intelligence dont chacun était saisi : la femme disparaissait, on se sentait en présence d'une âme ! La physionomie, très-expressive, instrument délicat qui vibrait à chaque sentiment, était relevée par un regard profond, pénétrant, chargé de douce tendresse, ou parfois, d'une austère sévérité ; mais, souvent, mystérieusement voilé, comme s'il était rappelé à l'intérieur par quelque vision plus haute que ce monde !

Avec tout cela, pleine de vie, gaie, causante, la repartie agréable, délicate, mais quelque peu

moqueuse : ce dont elle se corrigera seulement
sur le tard. Dès qu'elle paraissait, elle éclipsait
tout, autour d'elle ; comme le soleil dans l'éclat
duquel toute lumière s'efface. Son langage précis, transparent comme sa pensée, nourri par
une instruction variée, soutenu par une raison
puissante, exprimé par un organe juste, mélo-
dieux, subjuguait les esprits : que de fois on la
vit triompher de volontés rebelles et les ranger
au devoir.

Elle ravissait ceux qui l'approchaient. Non
qu'elle recourût jamais à ces toilettes extrava-
gantes, comme celles de nos jours, dont les
prétentions à l'excentricité font tout le cachet :
elle n'avait pas besoin de ces vaines exhibi-
tions pour plaire ; car si, comme le dit saint
François de Sales, « la beauté n'est vraiment
belle que lorsqu'elle s'ignore et semble même
se négliger », on la voyait se préoccuper peu
de la bagatelle, pour chercher les biens, plus
solides, de l'esprit et du cœur.

Telle nous la dépeignent ses contempo-
raines.

Sans vouloir exagérer ici ce que la figure
humaine, expression d'une âme qui sert Dieu,

a de digne, de noble, d'auguste, il convient d'y reconnaître un reflet de la Beauté suprême, splendeur de l'éternelle Vérité, que le Seigneur répand sur ses œuvres, pour que cette vue nous arrache à la terre et nous reporte vers l'Infini!

CHAPITRE V

NOÉMI. — SA VIE DE JEUNE FILLE.

(1848 ET 1849)

La France n'a pas cessé d'être révolution-naire.

L'esprit qui la meut encore a pris son commencement avec la Réforme protestante; s'est développé par le scepticisme de Bayle, de Spinoza, de Voltaire et des Encyclopédistes; a posé dans le *Contrat social* de Rousseau son principe fondamental de la souveraineté du peuple, lequel élevé au-dessus de tout pouvoir, peut, à volonté, le renverser, comme par un droit suprême au-dessus de tout droit; cet esprit s'est fixé dans les institutions napoléoniennes, qui nous gouvernent encore, et, maintenu par la Restauration, a produit son fruit de révolte en 1830, puis, après la monarchie de juillet, celui de 1848; il s'est manifesté avec les mêmes instincts sauvages dans la Commune de 1871, pour aboutir, sous la nouvelle République, au rejet total du christianisme et de l'Église, à sa spoliation, à l'exil des ordres religieux, à l'athéisme officiel dans l'éducation et dans la vie publique, menaçant une fois de plus la société française des pires excès.

C'est, qu'au fond, les mêmes principes de démocratie pure subsistent, faisant table rase du passé, concevant les hommes en abstrait, et les considérant comme ayant en propre la raison, la même dans tous, ce qui les rend égaux.

Pour parvenir au but, qui est d'asservir la nation, des centres révolutionnaires anonymes dirigent cette souveraineté fictive du peuple. Qu'on les nomme, les « Caucusmen » de l'Angleterre, la « Machine américaine », ou, en France, l'organisation jacobine de 93, le Grand-Orient, les Cercles d'union républicaine, la Confédération générale du travail, les Syndicats de revendications ouvrières, partout, toujours, on voit des sociétés permanentes, impersonnelles, qui concrètent cette prétendue souveraineté du peuple-roi, qui façonnent une opinion publique artificielle et qui restent debout, dans l'ombre, surveillant leurs mandataires, députés ou gouvernants.

Au nom du peuple-idéal, du peuple-libre, les jacobins de 93 persécutaient le peuple-réel, les particuliers : c'était « le despotisme de la liberté », selon le mot de Marat.

Qu'on ne nous dise pas que les temps sont changés ; car nous voyons, sous nos yeux, le peuple restreint des sociétés maçonniques et syndicalistes organisées sur toute la surface du territoire, composées d'adeptes peu nombreux, mais triés, entraînés, qui, par tout un système de contre-vérités, au nom de l'égalité et de la liberté pures, enveloppent, pervertissent, écrasent avec une impudente audace le grand, le vrai peuple chrétien et patriote, la France !

Au reste, il est visible que toute la force du premier lui vient d'être organisé ; comme toute la faiblesse du second, de ne l'être pas.

Cet esprit révolutionnaire souffla en vent de tempête sur toute l'Europe, en 1848, jusqu'en Russie.

L'Angleterre eut sa révolte des communistes

et des chartistes; la Hollande dut concéder
des réformes dites libérales; l'Autriche se vit
sur le point de périr par les soulèvements suc-
cessifs de la Bohême, de la Hongrie avec
Kossuth, de toute l'Italie avec Charles-Albert,
de Venise avec Daniel Manin, et n'en triompha
que par des répressions sanglantes; les divers
États de l'Allemagne subirent de funestes et
tragiques commotions; le principal ministre
de Pie IX, Pellegrino Rossi, était poignardé
sur les marches de la Chancellerie pontificale et le Pape devait, sous un déguise-
ment, s'enfuir à Gaëte; la France connut un
nouveau changement de gouvernement; des
séditions, d'une violence inouïe, à Marseille,
à Lyon et dans beaucoup d'autres villes; les
meurtrières journées de juin, à Paris, enfin
le sacrifice héroïque de son archevêque,
Mgr Affre, blessé sur une barricade alors qu'il
exhortait les insurgés à déposer les armes,
expirant sur ce mot sublime : « Que mon sang
soit le dernier versé! »

Une accalmie s'ensuivit; mais l'angoisse sur
l'avenir de la société étreignait tous les cœurs
au spectacle de cet effroyable déchaînement

des passions soulevées chez tous les peuples par la Révolution.

M. et Mme Doussot se demandaient avec anxiété quel allait être le sort de Gaston au milieu de ces dissensions civiles. Sa mère, ne voulant pas le laisser seul dans le péril, vint s'installer près de lui.

M. Doussot s'était attaché à la ville d'Épernay au point de lui sacrifier son avancement dans la magistrature; mais comme la confiance des habitants l'avait appelé à faire partie du conseil municipal, où son entente des affaires était très-appréciée, il usa de toute son influence, durant la période d'agitation, pour calmer les esprits. La population l'aimait à cause de son dévouement, de sa jovialité, de sa bonté. Son incrédulité même ne déplaisait pas. Il faut avoir connu cette génération de 1830 pour se faire une idée de son indifférence, sinon de son hostilité, pour la religion; ainsi Mère Élisabeth rappelait souvent n'avoir jamais vu, jusque vers 1848, aucun homme à la messe du dimanche, sauf un bon vieux à demi infirme que les enfants — cet âge est sans pitié! — avaient décoré du sobriquet de Bancroche. L'esprit chrétien s'est ressaisi à Épernay : il fait bon voir, de nos jours, ces nombreux jeunes gens assister aux offices de la paroisse, s'approcher souvent de la sainte table, dans la nouvelle église Notre-Dame, véritable cathédrale gothique, dont la construction fait si grand honneur à la générosité ainsi qu'au bon goût des Sparnaciens.

Dans cette confusion de partis qui suivit la Révolution de 1848, la popularité de M. Doussot servit à sa fille d'une manière touchante. Il avait adouci, par bienveillance, la peine encourue par un ouvrier braillard, fauteur de troubles, porte-voix révolutionnaire, nommé Cancale ; bon cœur néanmoins, qui lui était resté reconnaissant. Or, un jour que la ville était traversée par des bandes de sans-travail allant aux ateliers nationaux de Paris, Noémi, sur le pas de la porte, n'osait sortir pour se rendre à Sainte-Chrétienne. Cancale l'aperçoit, et, aussitôt, s'offre à l'y mener : « Avec moi, vous n'aurez rien à craindre », lui dit-il. Il vint la prendre le soir pour la reconduire à la demeure paternelle et fit ainsi jusqu'à ce que la sécurité fût entièrement rétablie.

Une des choses qui marquent le plus dans la

vie d'une jeune fille est son entrée dans le monde. M. Doussot, ayant repris sa vie de plaisirs dès que régna une tranquillité relative, jugea le moment venu de produire Noémi afin qu'elle l'accompagnât en l'absence de sa mère.

ANCIENNES TOURELLES D'UNE PORTE DE LA VILLE

Elle était dans tout l'éclat de la jeunesse auquel sa grande piété et sa candeur ajoutaient un cachet de distinction accomplie : aussi se vit-elle reçue avec un applaudissement général, qui fut loin de lui déplaire. Son ardente nature se dilatait dans ces plaisirs mondains et s'y serait peut-être attachée, si Dieu ne s'était emparé dès lors de cette âme qu'il voulait toute à lui.

Elle devait, par nécessité, recevoir et suivre son père dans les soirées, au théâtre et au bal.

Ce fut là que, peu après, au milieu de l'entraînement d'une contredanse, Notre-Seigneur lui apparut tout à coup. Le divin Cœur darda sur le sien un rayon d'amour si intense, qu'elle vit en un instant, rapide comme l'éclair, le néant du monde, le rien de tout, avec l'état religieux comme but de sa vie. Elle y acquiesça instantanément, avec la décision qui la caractérisait, résolue de faire désormais tout converger en elle vers le terme qui lui était montré. — « Comme vous avez l'air de vous ennuyer », lui dit son danseur. — « Oh, répondit-elle, je n'en ai pas que l'air, je déteste le bal! » Son cavalier, dépité, la laissa faire galerie à la polka suivante.

Mais Noémi s'ingéniait pour prouver à Dieu la fidélité de son amour. Peut-être sera-t-on tenté de trouver excessifs ou étranges les actes que sa ferveur lui dictait; mais il ne faut pas oublier combien son instruction spirituelle était encore rudimentaire. Son bon Curé n'était pas un directeur; il se contentait de l'absoudre, sans avoir la pensée ni le temps de la former à la vie intérieure. Elle manquait de livres ascétiques et n'entendait que les prônes du dimanche, traitant généralement des devoirs de la vie chrétienne. Les Sœurs de Sainte-Chrétienne se tenaient sur la réserve, de sorte que Noémi s'avançait un peu à l'aventure dans la voie où le divin Maître l'appelait. La singularité même de ses mortifications témoigne de sa générosité ; ainsi elle imagina d'assister un jour à la messe, avec sa robe de bal recouverte d'un ample manteau, afin que Jésus reçu dans la communion sanctifiât ces livrées du monde. Au théâtre, elle faisait oraison ou disait son chapelet, gardant les yeux constamment baissés. « Tout passe ! » était le mot de son âme. Sa prière se prolongeait jusque vers dix heures du soir, alors que son père commençait à s'agiter pour sortir : mais combien elle eût préféré se coucher et dormir ! Cette vie agitée l'épuisait ; il fallait sa robuste constitution et son énergie morale pour mener de front la vie d'étude et de piété, avec les préoccupations de la maîtresse de maison et les veilles prolongées. Ajoutez à cela les abstinences et les jeûnes de l'Église qu'elle voulait observer sans

que son père ni personne s'en aperçût, ce qui
l'obligeait souvent à ne manger que fort peu
de chose ou même rien, dans les grands dîners.
M. Doussot s'en avisa, voulut crier, à son ordinaire ; mais Noémi ne céda pas.

Mme Doussot revint à Épernay vers la fin
de cette année, 1848, et fut du premier bal qui
se donnait en ville. On peut difficilement se
faire une idée de l'exaspération qui la saisit
lorsqu'elle vit sa fille se présenter avec une
robe fanée qui servait depuis le commencement de la saison ! Outrée, Mme Doussot alla
faire une scène au curé de la paroisse. M. Appert, loin de s'en offenser, reconnut qu'elle
était bien fondée à se plaindre et gronda
Noémi, lui remontrant qu'elle devait obtem-
pérer de bonne grâce à la volonté de ses parents et se vêtir selon sa condition. Il ajouta,
sachant combien il allait lui rendre l'obéissance
facile : « Je vous permets de communier le lendemain d'une soirée où vous vous serez montrée
aimable et gaie. » D'où, grand scandale de
quelques dévotes personnes qui, la jugeant sur
l'extérieur, l'accusèrent d'allier dans sa vie Dieu
et le diable ; mais elle n'en eut cure.

Peu après, sa mère exigea d'elle un acte qui lui coûta beaucoup. Le perruquier-poëte, Jasmin, auteur de poésies gracieuses en patois agenais, traversa la ville. Mme Doussot, qui l'appréciait, organisa une soirée littéraire en son honneur et voulut que sa fille le complimentât et déposât sur son front une couronne de fleurs.

Cependant Noémi était désolée de donner autant au monde et se demandait avec anxiété : pourrai-je y demeurer fidèle à Notre-Seigneur? Afin de la consoler, M. Appert lui permit, dès que sa mère fut repartie pour Paris, de recevoir le pain des forts toutes les fois qu'elle assisterait à la messe : elle résolut aussitôt d'y aller tous les jours. Mais comment le faire à l'insu de son père? Son esprit ingénieux en trouva rapidement le moyen. Les clefs de la grande porte étaient déposées chaque soir dans la chambre de M. Doussot où la cuisinière allait les prendre le matin. Noémi la devançait, saisissait les clefs, descendait ouvrir et les reportait chez son père qui, ne s'étant couché, comme elle, que fort avant dans la nuit, dormait à poings fermés. Toutefois, il ne lui était pas possible de refermer le verrou intérieur; aussi la fille de service, s'apercevant que quelqu'un sortait avant le jour, en avertit son maître, qui prescrivit à la gendarmerie d'exercer une surveillance de nuit sur sa porte d'entrée.

Le lendemain, M. Doussot était à table avec sa fille lorsqu'un gendarme demanda s'il pouvait lui parler.

— Qu'il entre, dit-il.

Un brigadier se présenta, faisant le salut militaire.

— Ah! c'est vous, Destrée; qu'est-ce qui vous amène, mon ami?

— Monsieur le juge, je venais vous remettre mon rapport sur le service commandé.

— C'est bien : donnez.

— Tu permets? dit M. Doussot à sa fille, en s'inclinant légèrement.

— Mais, comment donc, papa, répondit-elle.

M. Doussot avait à peine brisé l'enveloppe et jeté les yeux sur le contenu, qu'il partit d'un grand éclat de rire, et, faisant signe à l'agent :

— Merci, Destrée, merci, mon ami : vous pouvez vous retirer ; nous nous reverrons.

Puis il se mit à lire d'un ton plaisamment solennel :

« Le soussigné, Destrée, brigadier commandant le poste de gendarmerie attaché au tribunal d'Épernay, me trouvant de surveillance la nuit du 15 au 16 janvier 1849, en service commandé, par ordre de M. le juge, auprès de la porte de sa maison, j'ai vu sortir d'icelle, à sept heures précises du matin, demoiselle Noémi Doussot, sans nulle autre personne. L'ayant suivie exactement à distance réglementaire, ai vu la susdite pénétrer dans l'église Notre-Dame, où elle a entendu la messe. Après quoi, la dénommée étant sortie de l'église est entrée dans la maison, n° 6, de la rue Saint-Martin, où, d'après les informations prises, la dite demoiselle a visité au deuxième étage la vieille veuve infirme, femme Espale, de chez laquelle, après un arrêt d'un quart d'heure, elle a réintégré la demeure paternelle.

En foi de quoi, j'ai signé :

Épernay, le 16 janvier 1849.

Le brigadier de gendarmerie,

Ant. DESTRÉE,

Chevalier de la Légion d'honneur,
Médaillé de Sainte-Hélène. »

Noémi, durant cette lecture, rougissait, pâlissait, ne savait quelle contenance prendre, se demandant comment la scène allait se terminer.

Et M. Doussot de dire, affectant un air pincé :

— Eh bien, tu en fais de belles! Te voilà couchée sur un rapport de police. Mon honneur est en bonnes mains!

— Père, petit-père, dit Noémi, en venant l'embrasser d'un air caressant.

M. Doussot, riant, vaincu :

— Cela te fait donc bien plaisir d'aller à la messe?

— Oh oui, père!

— Allons, c'est bon, vas-y, je te le permets : inutile désormais de sortir en cachette.

Sa fille le remercia par un gros baiser.

M. Doussot avait parlé; sa femme, lorsqu'elle revint à Épernay, accepta sans observation la décision prise.

Noémi semblait n'être heureuse que chez les Sœurs de Sainte-Chrétienne où elle pouvait jouir à son gré de la présence de Notre-Seigneur à la chapelle et vivre un moment éloignée du monde : l'attrait pour la vie religieuse grandissait en son cœur. L'idée lui vint de prier son père de congédier ses professeurs de musique et de peinture, préférant suivre tous les cours chez ses bonnes maîtresses, près desquelles elle resterait depuis neuf heures du matin jusqu'à quatre heures de l'après-midi. M. Doussot consentit à tout, posant comme condition que rien ne serait changé au train de la maison non plus qu'aux relations de société : elle en demeura d'accord.

Mais Noémi s'abusait étrangement. Les Sœurs ne furent point du tout flattées d'une telle combinaison qui leur donnait comme demi-pensionnaire une jeune mondaine dont plusieurs mères de famille redoutaient le contact pour leurs enfants; toutefois, craignant de s'aliéner un homme aussi influent que l'était son père, elles l'acceptèrent à titre d'essai.

Désormais l'on vit, chaque matin, Noémi aller à Sainte-Chrétienne en habit de pensionnaire; rentrée le soir à la maison, elle reprenait sa toilette de ville. Sa mère n'agréa guère ce qu'elle qualifiait de caprice; mais ne devant pas rester à Épernay, elle ne voulut pas engager de discussion à ce sujet et laissa faire.

Les religieuses reconnurent vite l'excellent esprit de Noémi, sa tenue édifiante, et se félicitèrent de l'avoir reçue.

Pourquoi taire la vérité? L'intéressante jeune fille ignorait encore le culte des Saints : ce fut une révélation et un ravissement pour elle lorsque ses maîtresses lui apprirent à les connaître et à les honorer. Elle ne laissait plus passer la Saint-Jean-Baptiste, patron de son père, sans organiser une belle fête dont cet excellent cœur était vivement touché, comme de tout ce qui lui venait de sa fille. Noémi chercha longtemps quel jour offrir ses vœux à son frère; ne le pouvant découvrir, elle lui en exprima son vif regret; ce à quoi Gaston répondit gracieusement : « Il en est de même pour moi à ton égard, ma petite sœur; mais consolons-nous, puisque nous voilà dans l'obligation de devenir saints, pour être nous-mêmes des patrons! »

Une joie manquait à Noémi. Les élèves les plus sages recevaient solennellement le ruban et la médaille d'Enfant de Marie; elle suppliait qu'on les lui donnât; mais ses maîtresses refusaient, arrêtées par l'article du règlement qui interdit aux congréganistes les plaisirs profanes et le théâtre. Elle n'y allait, il est vrai, que contrainte, son cœur n'y était point attaché ; mais « l'exemple ! » disaient les religieuses.

Or il arriva que M. Appert vint au couvent. La difficulté lui fut soumise ; mais, comme il était à prévoir, il la trancha selon la rigidité des principes et refusa. En l'entendant prononcer la sentence, Noémi éclata en pleurs : « Cependant, monsieur le Curé, vous n'ignorez pas que je ne vais dans le monde que par obéissance ! » Le bon M. Appert ne put tenir devant un chagrin si vrai et revint sur sa décision.

La réception suivante se fit avec un éclat qu'on n'avait pas encore vu. On avait ébruité la chose et nombre de personnes étaient venues. Noémi fut choisie pour lire, au nom de ses compagnes, l'acte de consécration à la Sainte Vierge. Mais lorsqu'elle fut arrivée aux paroles par lesquelles elle s'engageait à fuir les réunions mondaines, elle s'écria, au milieu d'un flot de larmes : « O Marie, ma Mère, ce soir même il me faudra aller au bal ! » Son émotion gagna l'assistance, à ce point qu'on vit une des personnes présentes s'approcher pour lui demander pardon d'avoir plusieurs fois, bien à tort, elle le reconnaissait, qualifié sévèrement sa conduite en apparence contradictoire, mais en fait, si droite!

La ferveur de Noémi prend, à partir de ce jour, un nouvel essor. Elle est poussée par la grâce à concevoir une si grande confiance en Marie, qu'elle craint un excès : il faut que son confesseur la rassure. Sa médaille de congréganiste lui devient si chère, qu'elle la porte ostensiblement au cou, même avec ses toilettes de bal. Mme Doussot tente quelques objections; mais inutilement : « Que veux-tu, mère, c'est une coquetterie comme une autre! » Chaque jour, elle dit le chapelet, à genoux devant une image de la Vierge. On lit dans ses notes intimes de 1886 : « 28 mai — Anniversaire de ma réception comme Enfant de Marie. Jour béni entre tous ceux de ma vie. J'ai rendu grâces avec grand amour, me consacrant de nouveau et de plein cœur à ma céleste Mère! » Elle reconnaissait tout devoir, et son salut même, à la Très-Sainte Vierge.

En ce même jour, 28 mai 1849, Noémi reçut

le saint Scapulaire : ainsi le plan de la Providence allait se développant sur cette âme généreuse, la dirigeant vers cette montagne mystique de pénitence et de contemplation que Jésus l'appelait à gravir : le Carmel !

CHAPITRE VI

GASTON ET SA MÈRE A PARIS.
INFLUENCE DE LACORDAIRE.

(1848 et 1849)

La conduite de Dieu, si providentielle dans la vie de Noémi, n'est pas moins admirable en celle de Gaston.

Entré comme pensionnaire au lycée Charlemagne en septembre 1845, nous pouvons l'y suivre durant les années scolaires : 1845-46, en philosophie; 1846-47, 1847-48, en mathématiques supérieures.

Il n'était bruit alors que des conférences du Père Lacordaire. Point d'autre objet de conversation entre lycéens, soit aux récréations, soit en promenade. Ceux qui l'avaient entendu à Notre-Dame en parlaient avec animation à leurs camarades, cherchant à les y entraîner.

Des discussions très-vives surgissaient entre

élèves; les professeurs y prenaient part et, dans leurs classes mêmes, notamment en rhétorique et en philosophie, posaient cette question : Quel jugement devait-on porter sur ce nouvel art oratoire qui brisait le moule consacré et rompait avec toutes les traditions du grand siècle?

Ce n'étaient plus les divisions classiques du discours, en points déterminés, imprimés dès le début dans l'esprit de ceux qui écoutent, manière dont Bourdaloue avait été le type achevé; mais une exposition libre du sujet, où les idées s'enchaînaient et naissaient naturellement les unes des autres selon le mouvement de la pensée. Alors que Bossuet et ses émules généralisent leurs thèses et semblent parler pour l'homme de tous les siècles, Lacordaire voulait être de son temps, s'adresser à la génération présente, entrer dans ses pensées, dans ses aspirations, partager sa destinée, ses angoisses et ses luttes. Le vieux fonds de la foi restait le même; mais la forme était renouvelée; les conceptions, hardies et pleines de contrastes frappants. Des mots qui faisaient tressaillir tous les cœurs retentissaient sous

LE PÈRE LACORDAIRE

les voûtes de la vieille cathédrale; liberté, progrès, honneur, patrie, tout cela en Jésus-Christ, avec son Église : c'étaient vraiment les « nova et vetera » auxquels convie l'Évangile!

Plus rien de compassé, de froid, à l'ancienne méthode, dans ces improvisations vibrantes; mais la vie, une vie ardente, qui jaillissait, débordante, de cette élocution pathétique, où bouillonnait un sang nouveau. Le prédicateur saisissait ses auditeurs comme s'ils eussent été réunis en un seul, dans un corps à corps émouvant au suprême. Il fonçait sur eux, si l'on peut dire, par ces cris de l'âme qui les transperçaient de part en part; il les étreignait, les enlevait, les tenait, selon le mot de Lacordaire lui-même, comme « suspendus par les cheveux », ne les ramenant un instant à terre que pour les soulever encore par des apostrophes d'une véhémence qui atteignait au sublime. Sa tendre sensibilité les touchait; on le sentait s'apitoyant sur tout ce qui émeut nos contemporains : leurs luttes intimes entre le doute et la foi, entre les passions et le devoir. C'était toujours la même grandeur dans les pensées, avec un naturel parfait dans un en-

thousiasme sacré qui arrachait l'orateur à lui-
même, le faisait s'oublier et marcher dans la
chaire ; il traduisait sa pensée aux yeux dans
une gesticulation animée, grandiose, qui sou-
lignait sa parole, dominait l'auditoire et le
remuait jusqu'au plus profond. L'assemblée,
suspendue à ses lèvres, s'unissait à lui à ce
degré, qu'on la voyait par moments suivre la
marche du raisonnement, s'incliner, se redres-
ser régulièrement, selon la cadence de la période, comme les blés ondulent sous le vent,
et, à la tirade finale, reproduire le geste même
du prédicateur ; ou encore, parfois, délirante
d'émotion, se lever comme un seul homme,
applaudir en l'acclamant. Nul, depuis Bossuet,
n'avait exercé un tel empire sur un si grand
concours de personnes : c'étaient, à vrai dire,
des jours de triomphe pour la foi !

Les inoubliables Conférences sur Jésus-
Christ, commencées en novembre 1846, demeurent, sans conteste, parmi les plus belles
qu'ait prononcées l'illustre dominicain.

Elles eurent une influence décisive sur la
vocation de Gaston.

Qui n'a lu et relu cette page célèbre où

7

Lacordaire décrit la fragilité et le néant des affections humaines en leur opposant le constant et inaltérable amour qui s'attache à Jésus-Christ.

« ... Poursuivant l'amour toute notre vie, nous ne l'obtenons jamais que d'une manière imparfaite, qui fait saigner notre cœur; et l'eussions-nous obtenu vivants, que nous en reste-t-il après la mort? Je le veux, une prière amie nous suit au delà de ce monde, un souvenir pieux prononce encore notre nom; mais bientôt le ciel et la terre ont fait un pas, l'oubli descend, le silence nous couvre, aucun rivage n'envoie plus sur notre tombe la brise éthérée de l'amour. C'est fini, à jamais fini, et telle est l'histoire de l'homme dans l'amour.

« Je me trompe; il y a un homme dont l'amour garde la tombe; il y a un homme dont le sépulcre n'est pas seulement glorieux, comme l'a dit un prophète, mais dont le sépulcre est aimé. Il y a un homme dont la cendre, après dix-huit siècles, n'est pas refroidie; qui, chaque jour, renaît dans la pensée d'une multitude innombrable d'hommes; qui est visité dans son berceau par les bergers, et par les rois qui lui apportent à l'envi et l'or, et l'encens, et la myrrhe. Il y a un homme dont une portion considérable de l'humanité reprend les pas sans se lasser jamais, et qui, tout disparu qu'il est, se voit suivi par cette foule dans tous les lieux de son antique pèlerinage, sur les genoux de sa mère, au bord des lacs, au haut des montagnes, dans les sentiers des vallées, sous l'ombre des oliviers, dans le secret des déserts. Il y a un homme mort et enseveli, dont on épie le sommeil et le réveil, dont chaque mot qu'il a dit vibre encore et produit plus que l'amour, produit des vertus fructifiant dans l'amour. Il y a un homme attaché depuis des siècles à un gibet, et cet homme, des millions d'adorateurs le détachent chaque jour de ce trône de son supplice, se mettent à genoux devant lui, se prosternent au plus bas qu'ils peuvent sans en rougir, et là, par terre, lui baisent avec une indicible ardeur les pieds sanglants. Il y a un homme flagellé, tué, crucifié, qu'une inénarrable passion ressuscite de la mort et de l'infamie, pour le placer dans la gloire d'un amour qui ne défaille jamais, qui trouve en lui la paix, l'honneur, la joie et jusqu'à l'extase. Il y a un homme poursuivi dans son supplice et sa tombe par une inextinguible haine, et qui, demandant des apôtres et des martyrs à toute postérité qui se lève, trouve des apôtres et des martyrs au sein de toutes les générations. Il y a un homme enfin, et le seul qui a fondé son amour sur la terre, et cet homme, c'est vous, ô Jésus! vous qui avez bien voulu me baptiser, me oindre, me sacrer dans votre amour, et dont le nom seul, en ce moment, ouvre mes entrailles et en arrache cet accent qui me trouble moi-même, et que je ne me connaissais pas. »

« Ah oui, écrit Montalembert, cet accent, il ne se le connaissait pas, ni nous non plus, nul d'entre nous n'en avait jamais entendu de pareil, et parmi ceux qui l'ont entendu, nul ne l'oubliera jamais... Je me souviens encore, avec un frémissement intime, de l'intonation désespérée de sa voix, lorsque, dans ce tableau de la fragilité des affections d'ici-bas, il prononça ces mots : *C'est fini, à jamais fini!* »

Telle était la prédication de Lacordaire : il lui avait été donné de Dieu d'inspirer aux hommes de son temps des pensées plus hautes, et de leur faire connaître dans une pleine lumière la dignité, l'immortalité et la félicité éternelle de leur âme.

Gaston se plaçait à Notre-Dame, droit en face de la chaire. Lacordaire n'avait pas tardé à remarquer son jeune auditeur, de tenue distinguée, dont les yeux ne le quittaient pas. Leurs regards s'étaient croisés plusieurs fois et il avait pu saisir sur cette physionomie expressive le reflet des émotions soulevées par sa parole.

Rentré au lycée, Gaston se redisait les grandes choses qu'il avait entendues, revoyait longtemps cette robe blanche et le long manteau noir : il en rêvait ! Ce n'était pas encore la vocation, mais une aspiration vague qu'il n'analysait pas ; n'en parlant à personne et ne pensant pas à s'en ouvrir à son confesseur. Sa noble nature en était fortifiée dans la volonté de vivre selon la foi, dans une fervente piété et une exacte pureté de cœur.

L'année 1847 s'était terminée sur le sauvage triomphe de l'alliance des cantons hérétiques de Suisse, ou Sonderbund, sur les cantons catholiques, odieusement ravagés. C'était le premier essai des sociétés secrètes dans leur dessein de bouleverser l'Europe.

Tous les esprits étaient surexcités par des désirs de réformes politiques et par des appels incessants à la révolte sous le nom de libertés à conquérir : ferments que la jeunesse universitaire s'inoculait avec ardeur.

La révolution du 24 février 1848 éclata comme un coup de foudre. Le roi Louis-Philippe s'enfuit ; un gouvernement provisoire fut proclamé. Le peuple se jeta sur les Tuileries pour tout saccager. Mais tandis qu'en 1830 un ecclésiastique ne pouvait se montrer dans la rue sans être insulté, on vit alors combien l'apostolat du Père Lacordaire et du Père de Ravignan avait modifié l'opinion : une messe avait été célébrée le matin même dans la chapelle royale et le calice était encore sur l'autel : un jeune membre de la Société de Saint-Vincent de Paul le saisit et, prenant aussi la croix de l'autel qu'il élevait au-dessus de sa tête, il sortit du palais entouré de deux élèves de l'École polytechnique et de quelques gardes nationaux. La foule, en les voyant, fut saisie de respect ; quelques insultes se firent entendre, aussitôt couvertes par les protestations d'un grand nombre de personnes qui suivirent, comme en procession, jusqu'à l'église Saint-Roch. Le curé leur adressa une courte exhortation à laquelle tous répondirent par les cris de « Vive la liberté ! — Vive la religion ! — Vive Pie IX ! »

Trois jours après, le 27 février, Lacordaire commençait à Notre-Dame ses conférences du Carême. La suite de son enseignement l'amenait à parler de l'existence de Dieu. Il rappela, dès le début, la scène précédente : « Nous assistons à une de ces heures où Dieu se découvre ; hier il a passé dans nos murs et toute la terre l'a vu... Si je doutais de votre foi, vous vous lèveriez pour me repousser du milieu de vous ; les portes de cette métropole s'ouvriraient d'elles-mêmes sur moi, et le peuple n'aurait besoin que d'un regard pour me confondre, lui qui tout à l'heure, au milieu même de l'enivrement de sa force, après avoir renversé plusieurs générations de rois, portait dans ses mains soumises, et comme associée à son triomphe, l'image du Fils de Dieu fait homme... O Dieu juste et saint, par cette croix de votre Fils que leurs mains ont portée du palais profané des rois au palais sans tache de votre épouse, veillez sur nous, protégez-nous, éclairez-nous, prouvez au monde une fois de plus qu'un peuple qui vous respecte est un peuple sauvé. » A ces mots, une émotion irrésistible saisit l'auditoire, qui éclata en applaudissements que la sainteté du lieu ne put contenir : c'était un transport unanime.

Gaston jouissait du triomphe de son orateur préféré dont la tranquille prise de possession de la chaire de Notre-Dame, au lendemain d'une révolution, constituait un fait de la plus haute portée; car c'est à juste titre que Lacordaire pouvait dire « qu'il était, lui aussi, une liberté » !

Les conférences se continuèrent durant huit semaines, jusqu'au jour de Pâques, 23 avril. La seconde, sur la Trinité, enchanta Gaston : impossible d'entendre, en effet, une exposition métaphysique plus solide de ce mystère et en un plus beau langage.

Les jeunes gens qui, avec Gaston, formaient la clientèle de Lacordaire, s'arrachaient les numéros du journal *l'Ère nouvelle,* qu'il venait de fonder. Ils applaudirent à son élection à l'Assemblée constituante, et se trouvèrent

avec la foule qui assistait, le 4 mai, sur le péri-
style du Palais-Bourbon, à la proclamation de
la République et faisait une ovation aux députés,
parmi lesquels on distinguait leur Père bien-
aimé en habit de frère prêcheur.

Dans cet entraînement, on plantait dans
toutes les villes des arbres de liberté que le
clergé était appelé à bénir.

Mais c'est une chose surprenante que la cré-
dulité et la variabilité du peuple, si facile à se
laisser conduire par les hommes séditieux. En
peu de temps, ce qu'il avait de bonnes dispositions pour la religion et l'ordre public disparut,
pour faire place à une fureur implacable contre
la société et contre l'Église. Le flot révolution-
naire, soulevé par les clubs et les journaux communistes, montait chaque jour. Proudhon
rebattait avec mille variantes, dans *le Repré-
sentant du Peuple*, ce thème : « Notre principe
à nous est la négation de tout dogme ; notre
première donnée, le néant... Nier, toujours
nier, voilà notre méthode philosophique...
Nous avons pour principes : en religion,
l'athéisme ; en politique, l'anarchie ; en éco-
nomie politique, la non-propriété ! » L'absence

de sécurité avait amené une crise financière et commerciale aiguë. Lamartine avait pu repousser pour un temps l'adoption du drapeau rouge; mais on avait dû décréter le droit au travail et la création d'ateliers nationaux, foyers d'insurrections. Le désordre s'étendait à la province : à Lyon, les ouvriers s'emparèrent des forts en exigeant leur démolition; à Lille, à Roubaix, à Amiens, à Rouen, à Limoges, à Nîmes, en cent autres lieux, se renouvelaient des scènes de pillage des propriétés particulières, des églises et des couvents, auxquelles s'ajoutaient encore des révoltes militaires où les officiers étaient déposés pour être remplacés par leurs subalternes. Les ministres, divisés, fomentaient eux-mêmes les troubles, ou en les excitant, ou en les encourageant par leur faiblesse. L'Assemblée constituante est envahie par la populace le 15 mai. Lacordaire, reconnaissant l'inanité d'un tel état de choses, donne sa démission deux jours après. Les ouvriers des ateliers nationaux, si imprudemment appelés de toute la France à Paris, au nombre de plus de cent mille, pillent les arsenaux et les magasins d'armuriers, s'arment de toutes manières, s'organisent, forment des bandes qui circulent dans les rues, répandant la terreur. Le gouvernement fait appel aux départements pour organiser des corps de volontaires, dits garde mobile. La guerre sociale éclate, sauvage, acharnée. Du 22 au 24 juin, une formidable insurrection ravage Marseille. Des barricades commencent à s'établir à Paris, sur la rive droite de la Seine, dans le quartier Saint-Antoine et jusqu'aux boulevards du Temple et de Saint-Denis. L'état de siège est proclamé.

Le lycée Charlemagne, qui se trouvait dans la rue Saint-Antoine, au centre de la lutte, licencie momentanément ses élèves, les remettant à leurs familles ou à leurs correspondants. Gaston se retire chez M. et Mme Dubarle, rue des Beaux-Arts, située entre la rue Bonaparte et la rue de Seine.

Le 23 juin, les insurgés élèvent partout de nouvelles barricades, saccagent et incendient les maisons, assassinent tout ce qui résiste. — Lamoricière, avec la garde mobile, se jette sur eux, à l'assaut, enlevant rue après rue. La bataille continue, furieuse, le 24, le 25 ; le sang coule à flots; cinq généraux, tous illustres, parmi lesquels Duvivier et Négrier, tombent mortellement frappés; plus de cinq mille hommes, de chaque parti, périssent. Enfin, le 25, à quatre heures du soir, l'archevêque de Paris, Mgr Affre, veut parlementer avec les insurgés : frappé d'une balle, il tombe; on l'emporte mourant : « Le bon Pasteur donne sa vie pour ses brebis! » La lutte perd de son acuité. Le lendemain, à onze heures du matin, le faubourg Saint-Antoine, attaqué par Lamoricière, se rendait sans conditions.

Gaston, entendant le crépitement continu de la fusillade, ne put demeurer enfermé dans un appartement. Il passa ces cinq journées aux bureaux de *l'Ère nouvelle*, où il retrouvait Lacordaire et quelques jeunes gens fidèles malgré le danger, qui se dévouaient comme lui à le servir, portant ses messages, le reconduisant le soir à sa demeure. Gaston l'accompagna dans la courte visite qu'il fit à Mgr Affre expirant.

M. et Mme Dubarle voulurent retenir Gaston; mais son ardeur l'emportait, avec le mépris du danger. Plusieurs fois des balles perdues sifflèrent à ses oreilles, sans l'émouvoir. La pensée de la patrie et de la religion en deuil l'arrachait à toute autre préoccupation. M. Dubarle, aussitôt que les communications avec Épernay furent rétablies, écrivit à M. Doussot pour dégager sa responsabilité au sujet de Gaston.

Ce fut alors que le séjour de Mme Doussot auprès de son fils fut résolu. Lorsqu'elle arriva, le lycée venait de rouvrir ses portes, rappelant ses élèves pour les dernières compositions et la clôture de l'année. Gaston y rentra; sa mère demeura néanmoins à Paris, tremblant pour lui et voulant le surveiller elle-même après sa sortie de Charlemagne, où ses études étaient achevées.

Lorsque à la distribution des prix on proclama le résultat du concours général des lycées de Paris, le palmarès de Charlemagne constate que Gaston Doussot remporta le deuxième prix de physique et le quatrième accessit de chimie, distinctions fort honorables.

Aussitôt la séance terminée, Mme Doussot emmena son fils à Versailles, chez sa mère, où elle voulait qu'il se reposât, après une année aussi agitée.

Qu'y a-t-il de plus beau et de plus salutaire que l'étude des voies de Dieu dans les âmes? Nous allons le voir avancer la vocation du fils, mouvoir la mère à sa conversion, avec une égale force et suavité.

L'avenir s'ouvrait sans que Gaston eût encore déterminé quelle carrière il voulait suivre. Ses connaissances littéraires et scientifiques, très-étendues, le rendaient propre à tout. Il hésitait entre l'École polytechnique, Saint-Cyr ou l'École normale.

A vrai dire, rien ne l'attirait plus, sinon les choses de Dieu : tout en lui se tournait de ce côté. Il ne trouvait de joie que dans la prière, l'assistance aux offices de l'église, l'étude du dogme, la lecture des livres de piété. Avide d'entendre la parole sainte, il courait les prédicateurs, pour écouter les louanges de Jésus-Christ, dont l'amour commençait d'animer son cœur.

Il ne pouvait prendre conseil de Lacordaire qui venait de quitter Paris, aussitôt après ces terribles journées de juin.

Dans cette indécision, Gaston se mit à préparer les deux licences, ès lettres et ès sciences,

en suivant les cours des Facultés et du Collége
de France, notamment ceux d'hébreu et de grec
ancien.

Étudiant libre, il vint habiter avec sa mère,
à proximité de la Sorbonne, dans un appartement d'une vieille maison de la rue Haute-
feuille, au quartier latin, sur la paroisse Saint-
Sulpice et non loin des Dubarle. Mme Doussot
faisait par intervalles de courts séjours à Épernay; mais le mouvement intellectuel de la capitale lui plaisait davantage.

Gaston pouvait dire, comme Salomon au
livre des Proverbes : « J'ai été pour ma mère
un fils tendre et unique. » Il l'entourait de prévenances, d'affection, d'honneur; la respectant trop pour entrer jamais en discussion avec
elle au sujet de son incroyance. Droiture et
prudence, ainsi se caractérise sa conduite. Il
pratiquait ouvertement, assistait chaque jour à
la messe, communiait le dimanche, puis allait
vers cinq heures du soir au salut, prolongeant
sa prière devant le tabernacle jusqu'à l'heure
du dîner, où il rejoignait sa mère chez les
Dubarle.

Grand était son amour pour les pauvres. Il

visitait régulièrement, comme membre d'une conférence de Saint-Vincent de Paul, ceux qui lui étaient confiés, n'épargnant ni ses pas ni sa peine pour leur procurer du travail ou des secours.

L'éloignement pour le monde, le goût de Dieu, s'enracinaient dans son cœur : c'est le fond de l'appel à la vie religieuse; mais il ne s'en avisait pas encore.

Ses amis, en voyant cette jeunesse si sérieuse et si digne, se disaient entre eux qu'une vocation ecclésiastique semblait le terme inévitable d'une telle existence. Mme Dubarle, en particulier, éprouvait pour lui une sorte de vénération.

Sa mère, profondément impressionnée, le considérait en silence. La prédication muette de son fils était bien faite pour la toucher. Son esprit se transformait. Elle lisait les livres de la bibliothèque de Gaston, ou qu'elle trouvait ouverts sur sa table de travail : le *Nouveau Testament*, l'*Imitation de Jésus-Christ*, la *Vie de sainte Élisabeth de Hongrie* par Montalembert, les *Études philosophiques sur le christianisme* d'Auguste Nicolas, Joseph de Maistre, le premier volume des *Conférences* de Lacordaire à Notre-Dame, etc.

Ces lectures, les réflexions qu'elles lui suggéraient, les réfutations solides qu'elle y rencontrait de ses opinions erronées sur le dogme et la morale catholiques, la douce influence de la foi de Gaston substituée au funeste ascendant de son mari impie : tout disposait Mme Doussot à revenir au Dieu de son enfance et de sa première communion; les pieuses impressions d'autrefois se réveillaient; elle se surprenait maintenant à regretter le passé avec le désir de reprendre ce qu'elle avait délaissé. L'intelligence seule avait erré; le cœur n'avait point cessé de rester pur et fidèle au devoir : le Seigneur rappelait doucement à lui l'âme prodigue qui avait « guerroyé Dieu de ses dons » en se laissant égarer par l'orgueil.

Mais qu'il faut de temps et de luttes pour que l'homme se déclare « un vaincu de Dieu » et avoue l'être « jusque dans le cœur » : c'est le fruit glorieux de la patience et de la miséricorde divine !

En premier lieu, Mme Doussot veut, d'elle-même, accompagner son fils à Saint-Sulpice pour entendre les prédications des grandes fêtes ; puis elle le suit à la messe, en quelques circonstances ; enfin il devient comme établi qu'ils iront ensemble chaque dimanche à la grand'-messe paroissiale. Les fidèles regardaient avec une sorte d'admiration s'avancer le beau groupe de cette mère encore si jeune, avec ce captivant jeune homme en qui s'unissaient les dons de la nature et de la grâce. Plusieurs mères de famille tentaient déjà de se rapprocher d'eux dans la pensée lointaine d'une alliance possible avec quelqu'une de leurs filles.

Le 25 février 1849, Lacordaire reprit ses Conférences de Notre-Dame. Il traitait du « Commerce surnaturel de l'homme avec Dieu ». Jamais l'auditoire n'avait été plus considérable ni plus sympathique. Mme Doussot désirait vivement entendre le grand orateur dont son fils l'avait souvent entretenue. Gaston l'y conduisit et la plaça aux côtés de Mme Swetchine ; celle-ci, dissimulée près d'un pilier, buvait les paroles de son illustre ami : « Elle est sa mère », se disait-on en la désignant. Mme Doussot sortait profondément remuée et pénétrée de ces fêtes de l'intelligence et du cœur qui transportaient si haut dans l'au-delà !

En la même année 1849, le 15 octobre, le P. Lacordaire installait une communauté de dominicains dans l'ancien couvent des carmes déchaussés, rue de Vaugirard, que l'archevêque de Paris lui louait à bail. Gaston put dès lors aller le voir familièrement ; car le Père aimait l'apostolat des jeunes gens, qu'il appelait : « la véritable félicité du prêtre ». Avec quelle émotion l'on pénétrait dans cette petite chambre où ce religieux vraiment saint s'était fait entre Dieu et son âme « un horizon plus vaste que le monde ». Il n'y pouvait souffrir le plus léger désordre, car « cela contriste le regard des anges ». Quatre murs blancs et nus, un christ, une table, quelques chaises, une planche sur des ais de bois, avec des couvertures de laine blanche, servant de lit : telle était la cellule où il recevait ses jeunes visiteurs parmi lesquels Gaston était le plus assidu.

Voyons-en maintenant la suite facile à augurer. Le P. Lacordaire avait établi une fraternité dominicaine, dès 1844, à Notre-Dame des Victoires, sous la présidence du vénéré

M. Desgenettes; mais quand il fut installé au couvent de la rue de Vaugirard, il s'empressa de l'y transporter. Gaston voulut aussitôt être agrégé au tiers-ordre de Saint-Dominique, dont il observa la règle en rigueur : c'était un premier pas vers un avenir encore voilé à ses yeux, où l'entraînait la Providence.

Il parla de sa mère, de son état d'âme; Lacordaire lui conseilla de ne rien brusquer, de savoir attendre, d'éviter toute discussion directe, de laisser agir la grâce, de prier et de faire pénitence à cette intention; lui promettant d'intercéder auprès de Dieu dans le même dessein.

Mme Doussot accompagna encore son fils aux Conférences de Notre-Dame du Carême de 1850. Elles allaient contre les sophismes qui l'avaient retenue dans l'erreur; car, l'éminent prédicateur y établissait la réalité de la chute de l'homme, du péché originel, de sa transmission à l'humanité et de la réparation par le sacrifice de la croix. Terminées le jour de Pâques, 31 mars, Gaston constatait que sa mère se sentait ramenée au seuil de la foi et de la pratique chrétienne; lorsque, tout à coup,

M. Doussot arriva, le 8 avril, avec sa fille, qu'il voulait laisser chez Mme Durieu, à Versailles, pour retourner aussitôt à Épernay avec sa femme : cette résolution, prévue, mais dont la réalisation ne paraissait pas si proche, vint retarder l'effet des salutaires dispositions de Mme Doussot.

Gaston se résigna : il fallait attendre l'heure de la Providence !

CHAPITRE VII

NOÉMI PASSE L'EXAMEN DU BREVET
SUPÉRIEUR.
CONVERSION DE MADAME DOUSSOT.
(1850 ET 1851)

Le commun des hommes attribue au hasard
les effets dont les causes ne lui sont pas con-
nues, tandis que tout vrai chrétien voit dans le
moindre événement la main de la Providence,
qui conduit chaque chose à sa fin par des
moyens divinement proportionnés. M. et
Mme Doussot pensaient à la terre et accom-
plissaient les desseins du ciel : ils ne se propo-
saient que d'assurer une sanction à l'éducation
de leur fille, et ils allaient avancer l'affaire de
sa vocation.

L'inquiétude sur l'avenir qui ronge les parents à notre époque si instable leur fait chercher dans l'obtention des brevets de capacité

une assurance contre l'infortune. Noémi était venue pour se préparer à son examen. Aussi, après quelques jours de repos à Versailles chez Mme Durieu, sa grand'mère, elle était placée comme pensionnaire libre, à Paris, dans l'Institution de Mme Michaud, qui jouissait alors d'une grande réputation. Son oncle, M. Peyré, allait trois fois la semaine faire un cours de mathématiques spéciales au collége Stanislas, puis venait ensuite lui donner des leçons particulières. Il se félicitait d'avoir une telle élève, car la grande intelligence de Noémi absorbait les sciences positives avec une facilité qui l'émerveillait : toute page comprise demeurait acquise et fixée dans l'esprit. Il lui avait mis en mains outre une arithmétique, la géométrie de Legendre, des éléments d'algèbre, même la Statique de Poinsot, « la raison même », avec un manuel de sciences physiques.

Le dimanche, Gaston prenait sa sœur au pensionnat, la conduisait à la messe, de là chez les Dubarle; puis, après le déjeuner, ils s'en allaient gaiement passer le reste de la journée chez une tante à la mode de Bretagne, Mme Juliani, qui habitait une maison

avec grand jardin dans un faubourg de la capitale.

L'originalité de ces deux natures si brillantes,
mais si diverses, apparaît bien dans le détail
suivant.

Gaston était fashionable, tiré à quatre épin-
gles, comme on dit. Il voulait que ses habits
sortissent de chez le meilleur tailleur et que
leur coupe fût toujours du dernier chic. Aussi
railla-t-il sa sœur, mais sans pitié, sur la forme
antique de ses chapeaux et sur sa mise qui
sentait la province, que Paris n'avait pas alors,
comme aujourd'hui, fait passer tout entière
sous le joug tyrannique de ses nouveautés souvent si ridicules.

Noémi l'écoutait tout ahurie. Que lui importait à elle que ses robes ou sa coiffure fussent
à la mode ou non, fraîches ou fanées, élégantes
ou sans recherche ; elle s'en souciait autant que
des nuages de l'an passé : elle eût cru déchoir
et n'être plus elle-même en s'en préoccupant.

Le soin qu'elle eut de la propreté, cette
demi-vertu, fut toujours fort grand ; mais chez
son frère, c'était comme une passion : une
tache le rendait malheureux, et quoique, dans

la vie religieuse, son amour pour la pauvreté
lui fit porter des vêtements de grosse laine, cependant il était la terreur des Frères par ses
instances, à la plus légère souillure, pour qu'on
lui lavât capuchon ou scapulaire.

Un vieux chroniqueur rapporte que saint
Dominique « ayant veillé en oraison jusqu'au
milieu de la nuit, sortit de l'église et s'assit à
l'extrémité du dortoir pour écrire à la lueur
d'une petite lampe. Tout à coup le démon apparaît sous forme de singe qui allait et venait,
faisant force contorsions et grimaces. L'homme
de Dieu lui ordonne de demeurer immobile et
de tenir la lumière pour l'éclairer jusqu'à ce
qu'il eût achevé ce qu'il faisait ».

Or, un dimanche soir, chez Mme Juliani,
Gaston se souvint d'avoir oublié Matines et
Laudes du lendemain, qu'il avait coutume de
réciter la veille ; aussi, sans attendre davantage,
il se mit à les dire. Noémi protesta : elle ne le
voyait qu'une fois tous les huit jours et elle
avait tant de choses à lui confier ! Gaston lui
donnant la lampe à tenir, lui conta malicieuse-
ment le trait de saint Dominique et du diable,
en lui demandant le même service. Noémi

s'exécuta, boudeuse. Mais quand il eut fini :
« Sache bien, lui dit-elle, que je ne serai jamais
d'aucun tiers-ordre! » Et elle tint parole.

Cependant Noémi chérissait son frère, « son
petit frère », comme elle l'appelait; à quoi il
répondait toujours par « ma petite sœur ». Elle
n'avait aucun secret pour lui : il savait les
grâces reçues, son horreur du monde, ses
attraits pour la vie religieuse, en particulier
pour le Carmel duquel elle n'avait, d'ailleurs,
qu'une idée très-vague. Toutefois, comment
aboutir à quitter son père et sa mère? « Ne
suffira-t-il pas au bonheur de nos parents que
tu leur restes? » disait-elle à Gaston. Celui-ci
branlait la tête; mais gardait le silence sur lui-
même.

Jusqu'ici Noémi n'avait pas eu de guide spirituel et se livrait sans aucune mesure aux
exercices sanglants de la pénitence, aux jeûnes,
comme à la dureté de la couche. D'une singu-
lière hardiesse, fruit de sa continuelle fréquen-
tation du monde, elle lisait beaucoup et tout ce
qu'elle rencontrait. Elle dévora, entre autres,
certains livres de controverses, pour dissiper
ses doutes sur la religion; mais elle y apprit

quantité d'objections avec lesquelles sa foi eut
depuis maille à partir.

Une longue expérience, la pratique univer-
selle dans l'Église, l'enseignement traditionnel
des docteurs, établissent la nécessité de se
mettre sous la conduite d'un directeur : « C'est
l'avertissement des avertissements, » dit saint
François de Sales à sa Philotée, « si vous
voulez à bon escient vous acheminer à la dévotion. » Gaston offrit à sa sœur de lui faire connaître le sien : c'était M. Pététot, prêtre zélé,
curé de la paroisse de Saint-Roch où il a laissé
une mémoire vénérée. Noémi consentit et son
frère la présenta.

Mais observons ici qu'outre la prudence et
le zèle dans le conducteur d'une âme, il y a
encore un troisième point qui n'est pas moins
important, c'est qu'il agisse toujours d'une
manière surnaturelle. Il doit représenter Dieu
auprès d'elle ; discerner la voie où Notre-Seigneur veut qu'elle marche ; écarter les obstacles ; promouvoir en elle les vertus spéciales
à l'état où la grâce l'appelle, en un mot, son
action doit être impersonnelle, afin d'exprimer
la seule volonté divine. S'il prétend la con-

duire selon ses vues particulières, en suivant
ses propres attraits de grâce, la poussant vers
un but que lui-même poursuit dans l'Église, ou
parfois, ce qui est plus condamnable, avec des
calculs d'intérêts terrestres, alors il ne sera
plus l'organe de la volonté de Dieu, il y subs-
tituera là sienne et lancera cette âme dans une
fausse direction.

M. Pététot nourrissait alors le projet, qu'il
réalisera trois ans plus tard, de reconstituer
l'Oratoire de M. de Bérulle, supprimé en 1790.
Cette congrégation qui compta Malebranche,
Massillon, Mascaron, Thomassin, parmi ses
membres, avait pour but d'enseigner la jeunesse, de former les clercs dans les sémi-
naires et d'instruire le peuple par la prédication et les missions. Or, comme M. Pététot
appréciait la haute valeur de Gaston, il le pressait de se réserver pour l'Oratoire futur; quant
à Noémi, lorsqu'il connut toutes ses qualités
d'esprit pratique, de fermeté de caractère, son
amour pour les pauvres, il combattit à force ses
propensions à la vie contemplative et lui pro-
posa d'être la fondatrice des oratoriennes qu'il
voulait adjoindre aux Pères pour les œuvres de

miséricorde, d'une utilité si grande dans l'état présent de la société.

Noémi, stupéfaite, éluda la proposition; mais comme elle était alors, ce qu'elle sera toute sa vie, d'une soumission aveugle à ses directeurs, elle se laissa persuader de renoncer à ses attraits pour le Carmel et de ne plus songer qu'aux ordres actifs.

Gaston comprenait mieux sa sœur; il approuvait son désir du cloître; mais il n'osa pas faire de représentations à M. Pététot, soit par respectueuse déférence, soit par une certaine indécision d'esprit qu'il tenait de sa mère et qui lui restera toute sa vie; bien à l'opposé de l'énergie de décision qui caractérisera toujours sa sœur.

Noémi vit chaque semaine son directeur durant les quatre mois qu'elle séjourna à Paris. Il ne voulut rien décider encore quant à l'institut où elle devait entrer; mais il prit quelques mesures très-sages, exigea qu'elle gardât un silence absolu sur sa vocation auprès de ses parents jusqu'à sa majorité, régla ses pénitences et ses lectures. Il devait continuer à la diriger par correspondance; ses lettres, grâce aux Sœurs de Sainte-Chrétienne, seraient remises à Noémi en mains propres : plusieurs d'entre elles nous ont été conservées.

M. et Mme Doussot attachaient du prix à ce que l'éducation de leur fille fût couronnée par l'examen. Cette belle distinction n'était point commune alors : seules les personnes vouées à l'instruction osaient y prétendre; on craignait de s'attirer l'épithète de femme savante. Noémi le passa, d'une manière très-brillante, à Versailles, le 16 août 1850. Un instant, le succès fut compromis. Un des examinateurs lui ayant demandé d'énumérer les grands hommes du dix-huitième siècle, elle omit Voltaire. L'observation lui en fut faite. Elle répondit avec son assurance habituelle : « Ce n'est pas par oubli; mais je ne mettrai jamais Voltaire au rang des grands hommes. » Puis, sans crainte, elle soutint son dire. L'examinateur, outré, sortit. Le fait était grave. Mais le président de la commission d'examen, M. Loizellier, ne voulut pas qu'on rejetât pour cela la nièce d'un professeur aussi distingué qu'était M. Peyré : il interrogea la jeune fille sur les mathématiques, poussant les questions bien au delà du programme, jusqu'aux logarithmes, aux équations algébriques du second degré, à la géométrie dans l'espace et même aux notions de mécanique, de physique et de chimie. Les réponses furent aussi rapides que précises et l'examen déclaré des plus satisfaisants. Le brevet de capacité pour l'enseignement primaire supérieur fut décerné à Noémi, avec la mention qu'elle avait été jugée capable d'enseigner encore la langue anglaise.

Quelques jours plus tard, elle quittait Versailles et prenait à Paris, avec son frère, le chemin de fer qui, depuis un an, aboutissait à Épernay.

Les vacances terminées, Gaston revint en octobre à Paris, avec sa mère. Leur vie intime, régulière, tout imprégnée déjà de piété, recommença. Mme Doussot se sentait dans son vrai milieu, vivant par l'esprit, comme son fils, et, par sa douce influence, tirée toujours plus du côté de Dieu.

Lacordaire, après un heureux voyage à Rome, où Pie IX l'avait comblé de marques de sa bienveillance, venait de rentrer à Paris.

Gaston accourut des premiers pour le revoir.

Le Père lui demanda, d'un ton plein d'intérêt, où en était sa mère. L'œuvre de Dieu s'achevait en elle : c'était un fruit mûr à portée de la main; restait à le cueillir. Gaston désirait qu'elle eût une entrevue avec le saint religieux. Lacordaire y consentit et, dès que la presse des premières visites eut cessé, rendez-vous fut pris. Gaston conduisit sa mère au parloir du couvent de la rue de Vaugirard. Après un long entretien, Mme Doussot sortait radieuse, la foi avait repris possession de son cœur. Elle se confessa, puis à la messe de minuit de Noël 1850, elle s'agenouilla auprès de Gaston à la table de communion de l'église Saint-Sulpice. Ce n'était plus ici Monique convertissant Augustin, l'enfant de tant de larmes; mais, ô touchant spectacle, un fils, prévenu de la grâce, ramenait à Jésus-Christ sa mère bien-aimée! Les anges, au ciel, chantaient l'hymne triomphale, pour exalter du même coup la naissance du Verbe fait chair et la régénération d'une âme par la seule force de sa parole : *Gloria in excelsis Deo!*

Lacordaire la reçut ensuite dans le tiers-ordre de Saint-Dominique. Gaston, pour ache ver l'œuvre, lui apprit à dire l'office de la Sainte Vierge en le récitant avec elle.

Puis ils se séparèrent : Mme Doussot voulait rentrer à Épernay pour les visites du premier jour de l'an 1851.

Un grand devoir l'obligeait dorénavant, pensait-elle, à reprendre possession de son foyer ; il lui restait à marier Noémi, qui avait achevé son éducation et que de nombreux partis recherchaient : elle en concluait que sa présence était nécessaire pour négocier une affaire aussi importante.

Néanmoins, comme elle avait dû promettre au P. Lacordaire de faire la sainte communion au plus tôt dans sa propre paroisse, elle se rendit à l'église Notre-Dame, de bonne heure, le jour de la solennité de l'Épiphanie et prit rang autour du confessionnal de M. Appert.

Noémi, qui ne se doutait de rien, alla, elle aussi, à l'église, pour entendre la messe et communier ; or, voici qu'en passant près du lieu des confessions elle voit une personne qui s'agenouillait pour se confesser : « Grand Dieu, c'est maman ! » Elle n'en peut croire ses yeux et, cependant, ils ne la trompent pas.

Aussitôt, elle se précipite de l'autre côté, suppliant qu'on la laissât passer sans attendre; puis, lorque le guichet s'ouvrit, elle dit, palpitante d'émotion, mais sur un ton de reproche :

— Comment, monsieur le Curé, c'est ma mère que vous venez de recevoir et vous ne m'aviez pas prévenue !

— Mais, mon enfant, vous ne le saviez donc pas? Votre mère arrive de Paris, convertie; votre frère l'a menée aux Conférences du P. Lacordaire; ses doutes sont tombés, et maintenant elle croit et elle pratique !

Noémi éprouvait un mélange de joie et de peine indicible. Elle vint entendre la messe à côté de sa mère, qui parut ne pas s'en apercevoir. Lorsque à la communion Mme Doussot se leva pour aller à la sainte table, sa fille l'y accompagna. L'action de grâce terminée, elles sortirent ensemble, n'échangèrent pas un mot dans la rue; mais quand la porte de la maison se fut refermée sur elles, Noémi se jeta en sanglotant dans les bras de sa mère :

— Oh, maman, pourquoi m'avoir caché ton retour à Dieu?

— Et pourquoi en parler? Je sers Dieu pour Dieu, reprit avec calme Mme Doussot.

Sa fille était heureuse, assurément, de son retour à la foi; mais le manque de confiance que lui avait témoigné sa mère étreignait son cœur d'une vive affliction.

Une vertu sort des sacrements, qui transforme toute la vie. La conversion de Mme Doussot fut complète. C'était une âme d'élite et qui savait vouloir. Elle qui détestait le travail manuel, s'y employa désormais assidûment pour habiller les pauvres; elle qui ne voulait jamais entendre parler d'abstinences, s'imposa de jeûner tous les vendredis de l'année; elle qui aimait à briller par le bel esprit, brûla dans ses écrits tout ce qui était profane ou frivole : si elle ne s'abstint pas de paraître dans le monde, ce fut par devoir. Elle et sa fille commencèrent une fervente vie commune où domina l'amour de Jésus-Christ dans ses membres souffrants. Chaque jour, après les exercices de piété et l'assistance à la messe, les devoirs d'état remplis, elles s'occupaient de bonnes œuvres. Mme Doussot recherchait les pauvres honteux, les personnes déchues de leur rang, éprouvées par des revers de fortune, qui, souvent, souffrent de si grandes privations qu'elles dissimulent par un sentiment d'honneur : elle les secourait dans leur disette, avec une délicatesse charmante qui doublait le prix du bienfait.

Quant à Noémi, elle apporta au service des indigents son génie d'organisation. Il n'y avait pas alors, à Épernay, d'établissement de bienfaisance : elle en créa un, avec tous les services. Le corps de logis au fond de la cour intérieure de la maison paternelle, témoin jadis des ébats de Gaston avec ses amis, mais inoccupé depuis, fut transformé par elle en vestiaire, en salle de catéchisme, en dispensaire. Les malheureux en connurent vite le chemin. Il faisait bon les voir entourer Noémi, qui renouvelait le vêtement de l'un, apportait des chaussures à l'autre : et avec quelle bonté ! ou bien, tirant de la petite pharmacie qu'elle avait organisée des remèdes dans l'emploi desquels elle fut bientôt très-experte ; elle versait un collyre dans les yeux malades, donnait des baumes ou des pommades pour les plaies ou les abcès ; ou encore amenait avec elle les petits vagabonds qu'elle rencontrait, les débarbouillait, les sustentait, les retenant ensuite pour leur apprendre les prières et des notions de catéchisme.

M. Doussot apparaissait quelquefois sur le seuil de la porte; regardait longuement les agissements de sa fille; puis se retirait, ému, sans mot dire.

La maison n'était plus la même. Les domestiques, délivrés du mauvais exemple de leur maîtresse, encouragés maintenant à pratiquer la religion, s'étaient empressés de le faire.

M. Doussot fut d'abord ébahi de la conversion de sa femme; mais il se reprit vite, affecta de ne le pas voir et ne changea rien à son attitude : d'autant plus qu'il la trouvait toujours d'humeur charmante et qu'elle se prêtait comme autrefois, ainsi que sa fille, soit à recevoir, ou à l'accompagner dans le monde et au théâtre : dès lors que lui importait le reste? Il se borna à qualifier parfois Mme Doussot de bigote, ou de quelque autre appellation du même genre; mais il se retenait de le faire avec Noémi qui rétorquait contre lui ses moqueries avec un à-propos déconcertant.

La charité, comme la nécessité, rend osé.

Noémi quêtait pour ses pauvres : auprès de son père d'abord qui donnait en maugréant, mais enfin s'exécutait facilement; ensuite, auprès des amis de la maison. Elle veillait sur la table de jeu : il était entendu que le gagnant devait lui remettre les mises pour ses miséreux. Les dons de personnes aisées qui ne pouvaient ou ne voulaient faire l'aumône elles-mêmes, affluaient vers elle, en espèces ou en nature, car on savait bien où tout irait. Dieu multiplie l'argent dans la bourse de l'âme bienfaisante, il semble qu'elle ne puisse la vider : ou elle y trouve encore quelque pièce ou des ressources inattendues surviennent, toujours à point.

Quoiqu'elle secourût toutes les infortunes, Noémi prenait un soin particulier des orphelins. On les lui amenait : elle n'avait de repos qu'elle ne les eût casés. Ne la vit-on pas, par une pluie torrentielle, marcher avec l'un d'eux jusqu'à la diligence qui devait le conduire à l'orphelinat de Reims : c'était le dernier des quatre enfants d'une veuve, morte entièrement ruinée.

Les parents de Noémi avaient pris le parti de la laisser vaquer seule à ses bonnes œuvres, dans l'impossibilité de la faire toujours accompagner : la notoriété publique lui servait de sauvegarde.

Or, il arriva que M. le Curé fit connaître à une réunion de charité la détresse navrante d'une pauvre vieille femme malade, abandonnée ; mais aucune de ces dames ne s'offrit pour aller la soulager ; ce que voyant, Noémi s'écria : « J'irai, si vous le permettez! » Cette pauvresse, couverte de plaies, gisait dans un bouge, au fond d'une écurie, dans une cour d'auberge. Le cœur saisi au spectacle d'un tel dénûment, Noémi se demandait que faire. Elle avait vu, en passant, des charretiers qui buvaient au comptoir : elle va les trouver, les entraîne à la suivre ; fait balayer par celui-ci, apporter de l'eau par celui-là ; la femme de l'aubergiste vient aider la jeune dame ; on change les draps du lit, la malade est pansée, si bien qu'en moins d'une heure tout était renouvelé dans le taudis ; le pot-au-feu ronronnait dans l'âtre depuis longtemps éteint. Noémi paya pour qu'on veillât sur la nécessiteuse. Elle-même vint chaque jour ; appela le prêtre ; la fit confesser, communier, administrer. La bonne vieille lui baisait les mains toutes les fois qu'elle pouvait les saisir. Elle expira en paix dans les bras de Noémi, qui la pleura et voulut l'ensevelir elle-même.

Ce n'est pas tout : elle accompagna le corps à l'église, pour l'absoute ; puis, se mit bravement à marcher toute seule derrière le corbillard. Il fallait traverser la place du Marché-au-blé (ou place Auban-Moët), devant la maison paternelle. Une domestique donna l'éveil. Mme Doussot et son mari se précipitèrent à la fenêtre, regardant passer le singulier cortège. L'excellent cœur de M. Doussot n'y peut tenir : il descend vivement et vient se placer à la droite de sa fille. Puis, tête nue, le chapeau à la main, il suivit le convoi par la rue Porte-Lucas et tout le long de la rue Saint-Laurent, jusqu'au cimetière : ce sont là de ces actes qui comptent devant Dieu pour l'éternité !

On ne peut disconvenir que Noémi était habile à réveiller en son père les instincts généreux. Ainsi, à la promenade, elle lui faisait prendre un chemin détourné pour l'amener devant une misérable masure où elle le suppliait d'entrer, sachant bien qu'en présence de

La maison Doussot.   Église Notre-Dame.

PLACE DU MARCHÉ-AU-BLÉ (OU AUBAN-MOËT), À ÉPERNAY

malheureux appauvris par le chômage ou la maladie et de leurs enfants loqueteux, M. Doussot se laisserait toucher. « Mais tu vas me ruiner! » disait-il à sa fille. Noémi se faisait câline, alors son père, moitié riant, moitié d'un air fâché, vidait son porte-monnaie.

Il se cachait, quand rentraient ses revenus; car il savait que son insatiable quêteuse le guettait.

Mais, suivant son mot, il adorait sa fille. Les éloges que tous lui prodiguaient, faisaient tressaillir son cœur de père. C'est que Dieu versait avec abondance ses grâces dans l'âme de Noémi; car, « qui donne au pauvre, prête à Dieu », disent nos saints Livres. Un dimanche, au retour de la messe où elle avait communié, M. Doussot vit son visage si transfiguré par une expression de bonheur céleste, qu'il la pressa dans ses bras, disant : « Noémi, tu es un ange! »

Voici un nouvel effet de son zèle. Une mission fut prêchée à Épernay, en 1851, par un prédicateur étranger : ce fut un événement pour la ville. Or, une femme âgée, infirme, d'une famille amie et distinguée, exprima devant Noémi ses regrets de ne pouvoir entendre les sermons dont chacun l'entretenait. Celle-ci s'offrit aussitôt à les lui lire, car elle les écrivait tout entiers de mémoire, au sortir de l'église. La malade, fort touchée, accepta la proposition. Noémi, peu après les instructions, venait faire cette lecture à la bonne dame, en présence de son mari qui paraissait tout absorbé dans son journal. Mais jugez de la joie de Noémi lorsqu'en entrant pour lire l'allocution de clôture, le vieux monsieur l'aborde et lui dit d'un air rayonnant : « Mademoiselle, je me suis confessé et j'ai communié ce matin : ce que je n'avais pas fait depuis plus de cinquante ans! Vos sermons m'ont convaincu; je les écoutais attentivement sans vous le dire : je n'aurais pas eu le courage d'aller les entendre à l'église, retenu que j'étais par le respect humain, cependant, me voici converti! »

Sa charité ne fut pas toujours récompensée de même sorte. Une jeune orpheline, qu'elle avait recueillie et gardée plusieurs mois, lui suscita mille ennuis; mais rien n'ébranlait cette âme vigoureuse dans son amour du bien.

Toutefois, Mme Doussot ne perdait pas de

vue son dessein de marier Noémi. Les partis
se succédaient : la jeune fille les refusait tous.
Sa mère la raisonnait ; mais la même réponse
surgissait invariablement : « Je ne veux pas me
marier. » Ses parents insistaient. Noémi prit
alors un moyen extraordinaire que son caractère viril et son genre d'éducation peuvent
seuls excuser : elle dévisageait les jeunes
gens qu'on lui présentait, les faisait parler ;
puis, dans l'intimité, les dépeçait par des cri-
tiques si mordantes et avec tant d'humour,
que M. Doussot riait à cœur joie, tandis que
Mme Doussot, dépitée, haussait les épaules,
mais revenait à la charge sans se lasser.
D'autres fois, lorsque le prétendant offrait des
qualités remarquables, Noémi le considérait
attentivement, dans sa naïve audace, et venait
dire ensuite aux pieds de son crucifix : « Seigneur, j'accepterais bien celui-là, il me plairait,
je l'aimerais, si je ne vous préférais à tout ! »

Enfin, il s'en rencontra un, où tout se trouvait réuni : jeunesse, noble origine, grande
situation, vie chrétienne, et dont le cœur était
vraiment épris de la jeune fille. Des deux côtés,
les parents s'entendirent : M. et Mme Doussot

ne doutaient pas que, cette fois, Noémi ne
cédât. On organisa, vers la mi-décembre 1851,
un voyage à Châlons, où l'entrevue eut lieu
dans une maison amie et comme fortuitement.
Le jeune homme commença, dès lors, à lui
faire assidûment sa cour. Des bouquets lui
étaient offerts pour les soirées; il la faisait
beaucoup danser; cherchait à l'entretenir; la
suivait même à l'église. Elle convenait de l'excellence du parti; mais restait ferme dans ses
refus. M. et Mme Doussot en furent désolés.

On recourut à M. Appert. Noémi ne lui avait
pas encore confié ses pensées de vocation;
aussi fut-il au comble de la surprise, lorsqu'il
entendit sa réponse :

— Je suis résolue de ne pas me marier, parce
que je veux être religieuse.

— Vous, religieuse, c'est impossible; toute
la Marne passera sous le pont d'Épernay avant
que cela se réalise !

Il n'insista pas, connaissant la fermeté de
décision de sa paroissienne; mais, en apprenant
ce refus formel, Mme Doussot fut accablée.

Elle imagina alors de conduire sa fille chez
Mgr de Prilly, évêque de Châlons, lequel, con-

naissant les deux familles, approuvait ce projet de mariage.

Mme Doussot lui parla en premier lieu, pour lui exposer la difficulté, puis fit entrer Noémi.

Dès les premiers mots, le prélat soupçonna quelque mystère ; il pria la jeune fille de le suivre dans son cabinet de travail, sous prétexte de lui faire choisir une image ; ensuite, la questionnant à voix basse :

— Pourquoi refusez-vous cette alliance, mon enfant ?

— Monseigneur, je veux entrer en religion : mon directeur, M. Pététot, curé de Saint-Roch, à Paris, l'approuve ; mais me défend d'en parler à mon père et à ma mère avant mes vingt et un ans accomplis.

— Oh alors, soyez bénie, ma chère enfant !

Revenant après ce court entretien vers Mme Doussot, il lui donna une réponse évasive, l'engageant à ne pas irriter sa fille en la pressant trop : ce fut pour elle une déception sensible.

Cependant le jeune homme continuait ses assiduités. Noémi, excédée, résolut d'employer un argument sans réplique. Comme il attendait, un dimanche, à la sortie de la messe, pour la voir, elle lui dit, en passant, qu'elle désirait l'entretenir. Il s'empressa de la suivre, espérant enfin une parole favorable. Lorsqu'ils furent un peu à l'écart, elle lui demanda nettement de ne plus la rechercher, attendu qu'elle voulait entrer au couvent et ne se marierait jamais. Atterré, il protesta, suppliant : Noémi, inflexible, se sépara de lui. Mais il reprit espoir et continua ses démarches, sur l'assurance qu'on lui donna qu'il arriverait à vaincre l'obstination de la jeune fille.

M. et Mme Doussot, qui ignoraient cette scène, poursuivaient Noémi de leurs objurgations, chaque jour, à chaque repas, en toutes circonstances : elle n'avait plus un moment de répit. Son estomac déjà fatigué par ses mortifications, unies au surmenage de sa vie d'œuvres et de veilles mondaines, refusa de recevoir aucune nourriture. Amaigrie, sans forces, elle s'alita au commencement de février 1852. Les crises d'estomac, sans inspirer d'inquiétudes sérieuses, donnaient à craindre quelques complications. Mars amena une amélioration; le médecin conseilla un changement d'air : M. Doussot, que des affaires appelaient à Paris, la conduisit à Versailles, chez sa grand'mère.

C'était la délivrance de l'obsession qui la poursuivait. Le calme, le printemps, les promenades, l'eurent vite remise en santé; ses couleurs et son aspect florissant reparurent. Gaston venait la voir chaque dimanche : c'était comme un bain rafraîchissant où Noémi puisait un renouveau de vie.

Elle reprit ses rapports avec son directeur. M. Pététot se fit rendre compte de tout. L'activité, l'esprit d'organisation de sa pénitente, achevèrent de lui persuader qu'elle était destinée à la vie active de Marthe, mais non à la contemplation de Magdeleine et il trancha ainsi la question de vocation. Il parla d'elle à M. Étienne, Supérieur général des Filles de la Charité, qui désira voir la jeune personne. Gaston la lui conduisit, à regret, car il croyait, chaque jour davantage, sa sœur appelée au Carmel. M. Étienne approuva la décision de M. Pététot : il fut convenu qu'elle commencerait son postulat comme Sœur de Saint-Vincent de Paul, lorsque son directeur jugerait le moment venu.

Le 1ᵉʳ mai 1852, M. Doussot venait reprendre Noémi pour la ramener à Épernay; sa mère, souffrante en ce moment, n'avait pu faire ce voyage, comme elle l'avait d'abord projeté.

Accoutumés que nous sommes à voir dans les événements l'action de la divine Providence, adorons encore ici la souveraine sagesse qui conduit tout à ses fins, quoique d'une manière d'autant plus mystérieuse et plus haute, que les créatures y mettent plus d'obstacles.

CHAPITRE VIII

GASTON À L'ÉCOLE NORMALE,
PUIS À L'INSTITUTION JAUFFRET.

MORT DE MADAME DOUSSOT.

(1851 ET 1852)

Revenons à Gaston que nous avons laissé à
Paris, en fin 1850, après la conversion de sa
mère, recherchant avec ardeur tout ce qui
était capable de l'élever au-dessus de lui-même
et de l'unir à Jésus-Christ. Il ne pouvait manquer de s'attacher à Lacordaire, homme sus-
cité de Dieu pour relever par son éloquence
une génération inclinée à la terre et lui rappeler
les vérités éternelles. Ce grand religieux, alors
âgé de quarante-neuf ans, était dans toute la
plénitude de son talent lorsqu'il prononça, en
1851, ses dernières Conférences de Notre-
Dame, devant l'auditoire le plus nombreux et
le plus sympathique qu'il eût encore vu réuni

autour de sa chaire. Le plan de ces discours
était magnifique : il exposait le gouvernement
de la Providence dans l'ordre surnaturel, les
lois fondamentales de ce gouvernement divin,
la distribution des grâces aux individus et aux
peuples, la prédestination des élus, les réprou-
vés, l'éternité des peines, enfin l'Eucharistie,
c'est-à-dire l'incarnation continuée, considérée
comme l'incorporation du Fils de Dieu à l'humanité et de l'homme au Fils de Dieu. Ceux
qui entendirent cette prédication « quasi miraculeuse », eurent grand'peine à retenir leurs
acclamations lorsque l'orateur prit congé d'eux
par ces paroles si belles : « ... Je ne puis me
défendre de vous parler comme si je vous adres-
sais mes adieux : permettez-le-moi, non comme
un pressentiment de l'avenir, mais comme une
consolation... Je suis parvenu à ce milieu du
chemin de la vie, où l'homme se dépouille du
dernier rayon de sa jeunesse et descend par une
pente rapide aux rivages de l'impuissance et de
l'oubli... A ce point de partage des choses,
d'où je puis voir encore une fois les temps qui
vont finir, vous ne m'envierez pas la douceur
d'y jeter un regard et d'évoquer devant vous,

qui fûtes les compagnons de ma route, quelques-uns des souvenirs qui me rendent si chers, et cette métropole, et vous. C'est ici, quand mon âme se fut rouverte à la lumière de Dieu, que le pardon descendit sur mes fautes, et j'entrevois l'autel où, sur mes lèvres fortifiées par l'âge et purifiées par le repentir, je reçus pour la seconde fois le Dieu qui m'avait visité à l'aurore première de mon adolescence. C'est ici que, couché sur le pavé du temple, je m'élevai par degrés jusqu'à l'onction du sacerdoce et qu'après de longs détours où je cherchais le secret de ma prédestination, il me fut révélé dans cette chaire que, depuis dix-sept ans, vous avez entourée de silence et d'honneur. C'est ici qu'au retour d'un exil volontaire, je rapportai l'habit religieux qu'un demi-siècle de proscription avait chassé de Paris et que, le présentant à une assemblée formidable par le nombre et la diversité des personnes, il obtint le triomphe d'un unanime respect. C'est ici qu'au lendemain d'une révolution, lorsque nos places étaient encore couvertes des débris du trône et des images de la guerre, vous vîntes écouter de ma bouche la parole qui survit à toutes les ruines, et qui, ce jour-là, soutenue d'une émotion dont nul ne se défendait, fut saluée de vos applaudissements. C'est ici, sous les dalles voisines de l'autel, que reposent mes deux premiers archevêques, celui qui m'appela tout jeune à l'honneur de vous enseigner, et celui qui m'y rappela, après qu'une défiance de mes forces m'eut éloigné de vous. C'est ici, sur ce même siège archiépiscopal, que j'ai retrouvé dans un troisième pontife le même cœur et la même protection. Enfin, c'est ici qu'ont pris naissance toutes les affections qui ont consolé ma vie et qu'homme solitaire, inconnu des grands, éloigné des partis, étranger aux lieux où se presse la foule et se nouent les relations, j'ai rencontré les âmes qui m'ont aimé.

« O murs de Notre-Dame, voûtes sacrées qui avez reporté ma parole à tant d'intelligences privées de Dieu, autels qui m'avez béni, je ne me sépare point de vous; je ne fais que dire ce que vous avez été pour un homme et m'épancher en moi-même au souvenir de vos bienfaits, comme les enfants d'Israël, présents ou en exil, célébraient la mémoire de Sion. Et vous, Messieurs, génération déjà nombreuse en qui j'ai semé peut-être des vérités et des vertus, je vous demeure uni pour l'avenir comme je le fus dans le passé : mais si un jour mes forces trahissaient mon élan, si vous veniez à dédaigner les restes d'une voix qui vous fut chère, sachez que vous ne serez jamais ingrats, car rien ne peut empêcher désormais que vous n'ayez été la gloire de ma vie et que vous ne soyez ma couronne dans l'éternité. »

Ces adieux si touchants ne rappellent-ils pas ceux que notre incomparable Bossuet prononçait dans cette même chaire de Notre-Dame cent soixante-quatre ans auparavant, lorsque terminant l'oraison funèbre du prince de Condé, il disait : « Agréez, Prince, ces derniers efforts d'une voix qui vous fut connue. Vous mettrez fin à tous ces discours... Heureux, si averti par ces cheveux blancs du compte que je dois rendre de mon administration, je réserve au troupeau que je dois nourrir de la parole de vie, les restes d'une voix qui tombe et d'une ardeur qui s'éteint. »

Gaston, transporté d'admiration pour Lacordaire, sentait ses attraits pour l'Ordre de Saint-Dominique aller toujours grandissants. Il vint lui en confier l'expression, avec celle de ses répugnances pour le futur Oratoire où le poussait M. Pététot. Il hésitait cependant : l'appel divin ne s'était pas encore fait entendre clair et pressant. Son indignité l'effrayait en présence d'une vocation aussi sublime. Dieu le voulait-il au monde? Il n'avait pour lui que de l'éloignement; et quelle carrière y suivre? S'il devait l'abandonner après peu de temps, à quoi bon en choisir une? Perplexe, il demandait conseil au saint religieux.

Lacordaire fut d'avis de laisser mûrir encore ces bons desseins dans la prière, les exercices de la pénitence, la fidélité aux devoirs de tertiaire et remit la décision dernière à plus tard; mais il fut décidé que Gaston renoncerait à l'École polytechnique et à Saint-Cyr, qui l'éloigneraient trop du but vers lequel, très-probablement, Dieu le dirigeait, et qu'il irait à l'École normale.

On constate son entrée comme normalien en novembre 1851, dans la section des sciences. Parmi ses camarades de promotion on peut citer : Heuzey et Lachelier, encore vivants; Adeur, Jarry, l'abbé Thenon, etc., aujourd'hui morts. Il connut à l'École, dans les promotions voisines de la sienne : Bréal, Georges Perrot, Bailly, Pruvost, Vacquand, Fernet, Bernès, etc.

Mais peu après, le prince Louis-Napoléon Bonaparte s'emparait du pouvoir par le coup d'État du 2 décembre 1851 et supprimait toute résistance.

Dès février 1852, Gaston quittait brusquement l'École normale, après y avoir passé un trimestre seulement, et devenait sous-directeur de l'Institution Jauffret.

Il est difficile de déterminer les motifs de cette décision.

Mme Doussot écrivant à son intime amie, Mme Dubarle, le 19 juin 1852, lui dit : « *Vous savez les modifications fort peu avantageuses que vient de subir l'École normale,* sans parler de l'avenir incertain qui l'attend : dans ces circonstances, Gaston et nous, avons dû beaucoup réfléchir. M. Jauffret, appelé à donner un conseil d'ami et d'homme compétent, a fait à notre fils des offres si paternelles, si honorables et si avantageuses, qu'il n'y avait pas à hésiter : je vous dirai le reste de vive voix. Gaston est sous-directeur de l'établissement, avec toute la confiance de M. Jauffret, recevant, signant, parlant et agissant pour lui, mangeant à sa table,

Croquis de Hubert de Fleury.

traité comme son fils. De plus, il a le bonheur, malgré ses vingt-deux ans seulement, d'inspirer à tous les élèves, grands et petits, un sentiment de respect mêlé d'affection, qui lui permet d'exercer une influence morale des plus heureuses autour de lui, et que M. Jauffret voit avec bonheur. Un jeune professeur nous disait dernièrement : Gaston est, à la lettre, chéri de tous. »

Il ne faut pas s'étonner que M. Jauffret ait aimé Gaston et désiré s'attacher un sujet aussi distingué ; car après l'avoir élevé de 1842 à 1845, il avait suivi ses succès à Charlemagne et au Concours général et vu de bon œil qu'il fréquentât familièrement son Institution depuis 1848 jusqu'à son entrée à l'École normale : c'était une de ses gloires ! Il est vrai que Gaston justifiait toutes ces appréciations flatteuses par son dévouement au devoir professionnel, auquel il se donnait tout entier.

Mais nous pénétrerons davantage le vrai mobile qui poussa Gaston à quitter l'École normale si nous tenons le compte qu'il convient de son état d'esprit, qui ne voulait pas s'engager à fond dans l'étude des sciences, ni se préparer pour le haut professorat, travaillé qu'il était de plus en plus par le désir de tout sacrifier pour embrasser la vie religieuse.

C'est dans ce temps que Noémi vint passer le mois d'avril à Versailles afin de rétablir sa santé ébranlée par la persécution que lui faisaient subir ses parents pour la marier, malgré qu'elle en eût.

Nous avons cité la lettre, pleine de confidences, que Mme Doussot écrivait le 19 juin 1852 à son amie, Mme Dubarle, et qui nous la fait mieux connaître encore; elle y dit : « Je suis vraiment heureuse par mes enfants, au delà de ce que je mérite et je ne pourrai jamais en rendre grâce assez à la Providence! Cette réflexion m'amène, chère et excellente amie, à vous parler d'une chose intime, quoiqu'il y ait toujours à cela une certaine difficulté; mais estimant, comme je le fais, le prix de votre amitié, la loyauté et la confiance m'obligent à vous faire part du grand changement survenu en moi. La dernière fois que je vous vis, en décembre 1850, j'aurais eu beaucoup de choses à vous dire, si le temps et les circonstances l'eussent permis; mais vous n'étiez pas seule. Cependant, chère Dame, ce jour-là, ma vie d'âme venait d'entrer dans une nouvelle phase qui n'a fait que s'agrandir merveilleusement depuis : je m'étais ralliée sincèrement de cœur et d'esprit à la religion catholique... Ce n'est pas un coup soudain

qui m'a amenée où j'en suis. Que vous dirai-je?
Je réfléchis et lus beaucoup; je priai, demandant à Dieu la vérité, quand même sa lumière
devrait me confondre. D'autres prièrent aussi
sans doute pour moi, mes enfants, quelques
amis, au nombre desquels je vous compte, vous
toujours si indulgente et si bonne, alors que
souvent, sans doute, je vous contristais par mes
idées... J'avais vécu dans un milieu défavorable
pour ma faiblesse : cela ne m'excuse pas; mais
je crois que si j'avais été à même d'entendre de
puissantes et onctueuses instructions, comme
vous en avez à Paris et comme il m'en aurait
fallu, soutenue encore par l'exemple de femmes
de cœur et d'intelligence, je serais arrivée beaucoup plus tôt à conclure... Enfin, à la suite d'un
long et douloureux enfantement moral, le dernier rayon de soleil qui fit éclore cette fleur de
foi et dont je voulais vous entretenir en vous
quittant, fut un long entretien qu'une circonstance providentielle me permit d'avoir
avec le P. Lacordaire. Mes convictions s'épa-
nouirent alors comme naturellement; elles sont,
depuis ce jour-là, je l'espère, inébranlables, et je
suis heureuse, malgré ce que la vie a pour chacun

de nous, ici-bas, de difficultés et de tristesses. »
Elle ajoute ce post-scriptum qui l'honore : « Cette
lettre n'est pas un secret pour ceux à qui vous
jugeriez, à l'occasion, convenable d'en parler

MADAME DOUSSOT

et qui seraient assez bons pour s'intéresser à
ce que je deviens moralement, particulièrement
à votre amie, Mme T..., qui m'a toujours témoigné une si grande bienveillance... » La
même lettre nous apprend qu'elle lisait avec
délices les *Aveux d'un philosophe chrétien*,
que le sympathique auteur, Joseph Droz,

avait, après sa conversion, dédiés à Mgr Affre.

Cependant Gaston était tout absorbé par les compositions de fin d'année et par la préparation de la distribution des prix, lorsqu'en fin juillet, M. Doussot arriva inopinément à Paris, venant, plein d'angoisse, consulter un médecin pour sa femme dont l'état souffrant s'était soudainement aggravé au point d'inspirer les plus vives inquiétudes. On avait arrêté de violentes attaques de sciatique en provoquant une éruption comme dérivatif; elle avait subitement disparu en se portant à l'intérieur, sans qu'on pût la ramener au dehors. Le danger paraissait imminent.

Les Dubarle, chez qui M. Doussot était descendu, en furent vivement affectés.

Dès qu'un dénouement fatal put être craint, Noémi s'attacha au chevet de sa mère et ne le quitta plus d'un instant. Elle la soigna, avec une tendresse extrême, sans consentir à prendre aucun repos, durant dix-sept jours et dix-sept nuits.

Mme Doussot, profondément touchée de cet absolu dévouement, lui dit :

— O ma fille, je ne te connaissais pas; je

ne t'avais pas comprise, ni assez appréciée!

Noémi l'embrassa, tout en larmes.

Sa mère, alors, s'écria : « O qu'il est terrible de mourir, laissant une fille de vingt ans ! »

— Mère, écoute-moi, reprit tout bas Noémi, je te le dis en confidence et pour toi seule : je veux entrer en religion et je n'attends, pour le faire, que ma majorité.

Mme Doussot tressaillit vivement; mais se reprenant aussitôt, elle leva les yeux au ciel pour rendre grâces à Dieu; puis, comme pour se faire pardonner les contrariétés qu'elle avait opposées inconsciemment à sa vocation, elle enveloppa le cou de Noémi de son bras et la baisa avec effusion en murmurant :

— Bien-aimée, prie toujours pour moi!

C'était donner à sa fille la plus douce des approbations.

Cependant Gaston fut averti que la malade, se sentant plus mal, demandait instamment à le voir : M. Jauffret était absent, l'année scolaire touchait à son terme; mais ne pouvant résister à cet appel, il partit pour Épernay.

Arrivé auprès de sa mère tant aimée, il se jeta sur elle et la serra longtemps sur son cœur.

L'émotion du revoir apaisée, Mme Doussot voulut l'entretenir seul. Elle lui fit part alors du dessein de Noémi que Gaston, fidèle au secret confié, affectait de ne pas connaître, puis d'un ton suppliant :

— Je t'en conjure, remplace-moi, veille sur ta sœur jusqu'à ce qu'elle soit au couvent.

A ces mots, Gaston très-ému, saisissant les mains de sa mère, les couvrit de baisers et lui dit :

— Chère, bien chère maman, écoute encore cette confidence : moi aussi je veux vivre consacré à Dieu; il m'appelle; ma décision est prise; je vais entrer, après les vacances, au noviciat des Dominicains!

Mme Doussot serra convulsivement les mains de Gaston dans les siennes, laissa retomber sa tête sur l'oreiller et demeura ainsi, longtemps, les yeux fixés en haut, vers Dieu, où montait sa prière. Quel retour sur le passé! Comme la Providence avait déjoué tous ses calculs et ceux de son mari! Leurs deux enfants voulaient abandonner le monde, alors qu'eux avaient tout fait pour les y fixer! Ils allaient prendre la voie du renoncement total quand tout avait été disposé, et avec quelle sollicitude! pour les remplir des biens d'ici-bas! Quel renversement de tout l'humain; mais quel honneur aussi, quelle sécurité sur leur avenir, quelle assurance cela donnait à celle qui devait bientôt paraître devant le Souverain Juge!

Revenue à elle, un profond soupir gonfla sa poitrine. Gaston, qui avait respecté son silence, s'écria :

— Mère, dis-moi que tu es heureuse de ma résolution, que tu l'approuves, que tu la bénis!

— Oui, je t'admire, mon Gaston; j'aurais dû deviner tes intentions en te voyant si éloigné des plaisirs qui attirent les jeunes gens et si fervent tertiaire; néanmoins, laisse-moi insister auprès de toi; retarde ton entrée; reste pour protéger ta sœur : tu connais ton père! Attends pour aller au noviciat, qu'elle-même soit en sûreté au couvent!

— Mère, je te le jure devant Dieu!

Mme Doussot, entraînée par la reconnaissance et par un mouvement de vénération pour tant de vertu, attira son fils à elle, puis, vivement, lui baisa la main; mais Gaston la retira aussitôt et porta à ses lèvres celle de sa mère.

Elle ne proférait pas un murmure contre la Providence sur le sort qu'elle lui imposait ; mais rassurée pour l'avenir de ses enfants, elle voulut encore accomplir une dernière œuvre.

M. Doussot était désespéré. Retiré dans son cabinet, étendu dans un fauteuil, le mouchoir sur sa bouche, il sanglotait : voir celle qu'il avait tant aimée mourir à quarante-quatre ans, dans toute la maturité de sa beauté et de son esprit, quel vide dans sa vie ! C'en était fait de son intérieur, de ses relations, de tout ce qui faisait le charme de son existence ; sa fille lui restait ; mais pour combien de temps encore ?

Mme Doussot le fit appeler :

— Mon ami, lui dit-elle, tu ne peux rien me refuser en ce moment ; je t'en prie, accepte cette *Imitation de Jésus-Christ* dont je me servais et promets-moi d'en lire un chapitre tous les jours.

— Je te le promets, répondit-il en se laissant tomber sur un siège, les coudes sur ses genoux, la tête dans ses mains, ne pouvant supporter la vue de sa femme mourante.

Mme Durieu était accourue, malgré son âge,

auprès de sa fille, avec Mme Peyré, pour l'assister dans sa maladie. Mme Doussot ressentait de très-vives souffrances, mais gardait toute sa lucidité d'esprit. Elle demanda et reçut les sacrements, s'unit aux prières du prêtre, répétant fervemment les actes d'abandon à la volonté de Dieu et de contrition parfaite que M. Appert lui suggérait. Ses deux enfants, penchés sur elle, la couvraient de baisers entremêlés de larmes. Elle expira doucement, dans la paix du Seigneur, le 17 août 1852, à quatre heures de l'après-midi. Gaston la tenait étroitement enlacée. Il pouvait dire avec saint Ambroise, pleurant le trépas de son frère, Satyre : « O embrassements infortunés, au milieu desquels j'ai senti son corps se glacer et son dernier souffle s'exhaler : *Stringebam brachia, sed jam amiseram quam tenebam :* Je serrais les bras, mais j'avais déjà perdu ce que je tenais! » Sa mère lui échappait parmi des embrassements si tendres; la mort plus puissante la ravissait à ce véhément amour filial qui voulait la retenir. « Toute chair est comme l'herbe, et toute sa gloire, comme la fleur des champs : l'herbe se dessèche, la fleur se flétrit, seules les promesses de Dieu demeurent éternelles, » fortes expressions par lesquelles nos saints Livres nous prêchent l'inconstance des choses humaines. Qui eût pu penser que les années allaient manquer à une vie devant qui semblait ouvert un si lointain avenir? Il fallut arracher Gaston à cette étreinte. Mais il ne voulut pas s'éloigner, et, jusqu'au moment où l'on vint déposer le corps dans le cercueil, il demeura là, anéanti dans sa douleur, les yeux fixés sur ce visage pâli, mais si transfiguré dans la mort qu'il paraissait illuminé par un rayon de la béatitude céleste : « Tous ceux qui la contemplaient plongée dans ce mystérieux sommeil, ses belles mains blanches jointes et le crucifix sur sa poitrine, la prenaient déjà pour une sainte. » (Lettre de Gaston à Mme Dubarle, du 28 août 1852.) M. Doussot s'était enfermé. La douleur de Noémi était déchirante; cependant, quoiqu'elle fût exténuée par la fatigue et par les émotions, elle dut prendre sur elle de disposer toutes choses avec la mairie, la paroisse, le service des pompes funèbres et celui du cimetière, et de pourvoir à l'envoi des lettres de faire part, comme à l'achat des vêtements de deuil pour les autres et pour elle.

Lorsque le convoi sortit de la maison, précédé du clergé, la place du Marché-au-blé était remplie de monde : autorités civiles, magistrature, riches, pauvres, tout Épernay était là. Les larmes des indigents faisaient le plus bel éloge de la défunte. Mais ce qui émouvait le plus les assistants était de voir l'état de prostration lamentable où était Gaston. On eût dit un mort ambulant, avec sa face livide, ses yeux rougis par les veilles, mais sans larmes, le regard attaché à ce char funèbre qui emportait ce que, sur la terre, il avait le plus aimé !

L'éloge de Mme Doussot était dans toutes les bouches. On exaltait ses vertus ; le soin qu'elle eut toujours de ne blesser jamais personne ; sa délicate politesse qui lui faisait traiter avec égards les plus petites gens ; son aménité dans le commerce de la vie ; la sage réserve de son langage ; le bon ton de ses manières, sa dignité parfaite et sa grande distinction ; mais, par-dessus toutes choses, sa bienfaisance pour les malheureux, laquelle, avant sa conversion, se manifestait par l'ordre donné aux domestiques de ne jamais en repousser un seul ; et, depuis, par cette tendre charité qui, les considérant comme membres de Jésus-Christ, se plaisait à les honorer, à relever leur âme en même temps qu'à les secourir. Gaston écrit encore à Mme Dubarle : « Nous qui avons vu une bonne partie du bien qu'elle faisait, nous ne connaissons pas tout et nous en apprenons tous les jours davantage. »

On eut une preuve bien touchante de leur reconnaissance aussi persévérante que vive.

Mère Élisabeth traversa Épernay au commencement de l'année 1870. Elle fit d'abord un pèlerinage à la maison paternelle, passée en d'autres mains ; mais, étant entrée sous le porche jusque dans la cour intérieure, elle salua du cœur encore une fois les lieux bénis qui avaient vu ses chers aimés et les premières années de sa vie ; ensuite, elle alla au cimetière, voulant prier sur la tombe de sa mère. Une ravissante surprise l'y attendait : elle la trouva proprement entretenue, garnie de fleurs fraîchement cueillies que des mains de pauvres, lui assura-t-on, renouvelaient fréquemment, et cela, dix-huit ans après le trépas de leur bienfaitrice !

La Providence divine pouvait-elle mettre mieux en vue qu'en cet événement la vanité des choses humaines et la puissance de la grâce ? Comblée de dons naturels, cette âme, introduite dans la foi par le saint baptême, oublie son Dieu qui la rappelle à lui, et peu après, la retire de ce monde. Mais comme elle se montre grande en présence d'une mort soudaine : ni la jeunesse, ni la vie, n'auront un soupir ; seuls, ses péchés lui arrachent des regrets. Loin de redouter la présence du prêtre, elle l'appelle et demande d'elle-même les sacrements de l'Église, la sainte onction des mourants. Ainsi la Justice infinie réduit notre orgueil à la cendre du tombeau, pendant que cette bonté toute gratuite qui nous sauve paraît dans la grâce de la persévérance finale, par laquelle Dieu couronne en nous la longue suite de ses miséricordes !

CHAPITRE IX

LA DERNIÈRE ANNÉE DE GASTON ET DE NOÉMI DANS LE MONDE.

(1852-1853)

Que la douleur chrétienne est touchante : le cœur garde toutes ses tendresses ; la foi, toutes ses énergies ; si l'âme s'affaisse, accablée, l'espérance la relève. Gaston demeura très-affecté de la mort de sa mère, quoique la vue d'une fin si belle eût adouci ses regrets. Il ne cessait de la pleurer, et, chaque jour, il devait faire effort pour amener jusqu'à ses lèvres un acte d'acceptation de la volonté de Dieu. La vie lui parut, dès lors, comme décolorée ; le séjour dans le monde, insupportable : ses désirs de le quitter se faisaient plus pressants. Sa consolation était de parler d'elle. Cependant il lui semblait qu'elle visitait son âme et l'assurait de sa félicité. Il avait le sentiment de sa présence invisible et ne savait mieux l'exprimer qu'en s'appropriant les lignes admirables écrites par Frédéric Ozanam après la mort de sa mère : « ... J'ai commencé à pressentir que je n'étais pas seul, et que quelque chose d'une douceur infinie s'est passé au fond de moi. C'était comme une assurance qu'on ne m'avait pas quitté ; c'était comme un voisinage bienfaisant, quoique invisible ; c'était comme si une âme chérie en passant m'eût caressé de ses ailes... Quand je suis bon, quand je fais quelque chose pour les pauvres qu'elle a tant aimés, quand je suis en repos avec Dieu qu'elle a si bien servi, je vois qu'elle me sourit de loin. Quelquefois, quand je prie, je crois écouter la prière qui accompagne la mienne, comme nous faisions autrefois ensemble le soir aux pieds du crucifix. » (Lettre du 31 janvier 1842.)

Après quelques semaines données à sa douleur, Gaston, rappelé à Paris par M. Jauffret, fit contrat avec lui pour une nouvelle année, puis s'absorba dans la prière, les bonnes œuvres et le devoir d'état.

Il fréquentait une conférence de Saint-Vincent de Paul où il se lia d'amitié avec le

Dr Ozanam, frère de l'illustre Frédéric, ainsi qu'avec M. Fiot, tertiaire de Saint-Dominique, simple employé de la librairie Poussielgue, mais qui rendit des services signalés au P. Lacordaire pour le rétablissement de son Ordre en France.

Gaston visitait les pauvres et leur donnait tout ce qu'il possédait. Il ne pouvait contenir son cœur en présence d'une grande misère, allant jusqu'à s'endetter pour la secourir. Ne sachant plus, certain jour, à quelle porte frapper, il s'avisa de recourir à sa sœur. Grand fut son embarras : Noémi quêtait elle-même pour des indigents malades. Cependant, elle réunit tout ce qu'elle put trouver, et l'envoyant à son frère, elle lui écrivit : « Sache que je fais en ta faveur le sacrifice d'un chapeau que père me payait ; je garderai le vieux, en changeant la plume de côté : il n'y verra rien. » Ce à quoi son frère répondit : « Le deuil de ton chapeau a été vite porté ! »

Gaston avait ramené sa mère à Dieu et l'avait accompagnée jusqu'au seuil de l'éternelle vie ; il lui restait à conduire celle en qui il avait éveillé la foi, sa sœur bien-aimée, jusqu'à la vie religieuse où elle devait, victime pure, se consumer en holocauste sur l'autel de l'amour divin.

Noémi était restée à Épernay. Elle redoutait beaucoup ce séjour qu'elle aurait bien voulu échanger contre celui de Paris, afin de vivre auprès de son frère. Ils convinrent entre eux qu'elle consulterait M. Pététot, en lui faisant part de la mort de Mme Doussot. Sa réponse fut négative : « ... Quitter Monsieur votre père après le malheur que vous pleurez me paraît bien violent et ne serait pas par conséquent, à mon sens, selon Dieu. Il me semble évident que le moment n'est pas venu et qu'il est nécessaire d'attendre au moins quelque temps. Puis, je ne doute pas qu'en priant Dieu on n'obtienne qu'il indique, qu'il prépare, qu'il amène luimême le moment qu'il a fixé. En attendant, vous êtes dans la ligne que trace la Providence... Écrivez-moi dans quelque temps, faites-moi connaître la situation des choses et je vous dirai ce que je croirai être la volonté de Dieu et la manière de l'accomplir qui me paraîtra la meilleure... » Noémi dut se soumettre à cette décision. Le soir même du jour de l'enterrement, M. Doussot lui avait désigné, à table, la place de sa mère, en disant : « Tu seras là désormais, maîtresse de la maison. » Le cœur brisé, elle obéit.

A la différence de l'amour chrétien tout pénétré d'esprit de sacrifice, l'amour purement naturel est comme pétri d'exigences et d'égoïsme. M. Doussot chérissait sa femme, mais surtout pour lui-même. Ami du plaisir, détestant la vie d'intérieur, entraîné par une longue habitude, il ne sut pas garder les convenances de sa situation, et, peut-être aussi pour étourdir son chagrin, il recommença, après un mois de deuil, à recevoir, alla dîner chez des intimes, puis bientôt parut au bal et même au théâtre : Noémi ne put que se plier à tout et l'accompagner partout.

M. Doussot ne s'arrêta pas là. Voulant donner suite à son projet d'établir sa fille, il ouvrit toute grande la porte de sa demeure aux prétendants, avec liberté d'approcher d'elle. Que devient un foyer où la mère n'est plus? La sage et ferme réserve que savait imposer Mme Doussot avait disparu avec elle. Noémi se trouvait comme livrée par son père à l'acca-

blement de ces poursuites, lesquelles devenaient un peu pour les jeunes gens comme
une des attractions de la saison. Ils accouraient,
les uns après les autres, car, au dire des contemporains, le charme de cette jeune fille de
vingt ans était extrême : elle captivait autant
par la vivacité de son esprit que par son éclatante beauté.

Noémi comprenait tout ce que cette situation avait de dangereux et même, jusqu'à un
certain point, de compromettant pour elle ;
mais comment y échapper ?

M. Appert ne doutait plus de sa vocation,
mais n'admettait pas qu'elle quittât son père ;
il allait, poussant les choses à l'excès, jusqu'à
« la rendre responsable de son salut » ! Il la
pressait de se résigner à cet état de vie, de
cacher sous un sourire l'amertume de son cœur
et de recevoir ces jeunes soupirants qu'elle eût
volontiers mis dehors.

Lorsque M. Pététot fut au courant de ces
difficultés, il lui permit de faire connaître à son
père ses idées de vocation religieuse, pensant
par là le toucher, et, sinon le faire changer de
conduite, du moins le porter à la laisser libre.

Il n'en fut rien. M. Doussot la reçut fort mal et continua de plus belle ses réceptions et ses allées dans le monde. « Bah, disait-il, le mariage te fera passer toutes ces lubies ! »

Or, il arriva qu'un soir de novembre 1852, au bal, un jeune homme qui, depuis quelque temps, s'était fait présenter chez M. Doussot, fatiguait Noémi de ses recherches empressées, se montrait d'une excessive amabilité, ne cessait de la faire danser, ne la quittant pas, l'accablant de compliments flatteurs, mendiant un regard ou un sourire. La soirée finie, elle revint avec son père et rentra dans sa chambre. La domestique n'avait pas fermé les persiennes, parce que, souvent, sa jeune maîtresse, au retour de ces réunions, s'accoudait au balcon donnant sur la place solitaire, et là, contemplant le ciel, priait, soupirant vers l'infini ! Noémi, retirée chez elle, déposait sa toilette de bal, lorsqu'elle entend gratter à la vitre : c'est, pensa-t-elle, la chatte de mon père, que la fille de service aura laissée dehors. Sans défiance, elle ouvre la fenêtre : grand Dieu ! elle est en présence du jeune danseur si assidu dans la soirée ! Elle la referme vivement et fortement, se précipite dans le corridor, jusqu'auprès des bonnes, qu'elle éveille, en leur demandant de rester avec elle. Puis, bouleversée, elle va dans le bureau de son père, pour écrire à M. le Curé : « Vous vous déplacez la nuit pour aller auprès des malades lorsqu'on vous appelle : je vous en supplie, venez de suite auprès de votre enfant qui court un très-grand danger. — Noémi. » Deux servantes prennent la lettre, ouvrent doucement la porte de la rue : l'individu a disparu, emportant son échelle. La cure n'est qu'à peu de distance; elles courent chez M. Appert, qui arrive aussitôt; mais il eut grand'peine à calmer la jeune fille qui répétait sans cesse, au milieu d'un flot de larmes : « Je ne puis rester ici, je suis trop exposée! » Durant toute cette scène, M. Doussot dormait profondément.

Après cela, nouvelle consultation de M. Pététot, ensuite de laquelle Noémi vint expliquer à son père combien cette vie mondaine qu'il lui imposait était contraire à ses désirs d'entrer en religion, en même temps que dangereuse pour sa jeunesse, n'ayant plus la sauvegarde de sa mère; elle le conjura de lui permettre d'y renoncer, ajoutant que, s'il n'y consentait pas, elle le quitterait.

M. Doussot protesta, très-blessé que sa fille blâmât sa forme de vie : il n'accepta pas d'y rien changer ni d'admettre que sa fille s'en retirât. Il se redressa, offensé par cette espèce d'ultimatum : l'enfant devait obéir à son père et non commander; le contraire serait le monde renversé. Jamais, déclara-t-il avec fierté, il n'admettrait qu'elle lui donnât des leçons ni fixât des conditions; sa dignité de chef de famille le lui interdisait : elle pouvait partir, si bon lui semblait.

Ce sentiment de l'autorité paternelle était si fort ancré dans son esprit qu'il y aurait sacrifié la société de sa fille, son ange consolateur cependant, la joie et le rayonnement de sa vie, le bonheur de son foyer. Mais il était persuadé qu'elle n'aurait jamais le courage de se séparer de lui ni d'aller vivre au loin dans un couvent : il la jugeait sur lui-même.

Noémi, dans l'angoisse, ne savait à quoi se résoudre. Il lui vint en pensée d'écrire au Père Marie-Alphonse Ratisbonne que sa conversion miraculeuse avait rendu célèbre et qu'elle avait entendu prêcher à Paris. Sa lettre décrivait l'état de son âme, ses désirs de fuir le monde, les périls de sa situation, l'opinion de M. Pététot et celle du curé d'Épernay. Cet homme de Dieu répondit : « … Je suis porté à croire que le divin Maître vous attire à son service et je partage, à cet égard, l'avis de votre directeur; mais je ne puis approuver l'opinion de l'autre prêtre qui semble vous rendre *responsable* du salut de votre père : cette responsabilité ne s'appuie ni sur l'Évangile, ni sur l'enseignement des maîtres de la vie spirituelle. Soyez sûre, ma chère fille, que le Seigneur saura parfaitement vous suppléer auprès de votre père... La loi de Dieu, aussi bien que la loi de nature, vous autorisent à le quitter pour vous marier; à plus forte raison seriez-vous en droit de tout laisser pour Dieu. La question délicate est de savoir dans quelle communauté vous devrez entrer : il y a, en effet, une grande abondance de vocations pour les Sœurs de charité et, grâce à Dieu, les soins ne manquent pas aux souffrances corporelles; mais il y a des maux spirituels qui réclament des secours. Une foule de brebis égarées n'attendent que des mains secourables pour rentrer au bercail. A ce point de vue, je voudrais que Dieu portât vos regards sur la communauté des Filles de Sion dont je suis un des directeurs. Vous pourriez en tous cas venir passer quelques jours de retraite dans cette communauté si humble et si fervente, afin d'examiner votre vocation au fond de votre conscience et de faire ensuite ce que Dieu vous dira. Ayez bon courage et confiance, etc. » — Cette fois encore, le directeur laissait parler le fondateur ; seulement, ce n'était plus vers les oratoriennes, mais vers les dames de Sion, qu'il la portait : cette missive fut, néanmoins, pour Noémi, un grand appui moral.

Ainsi s'écoulait pour elle cette année terrible. On ne peut s'étonner que ses forces physiques aient trahi son courage : elle tomba malade. Le médecin d'Épernay, à bout de remèdes, car le mal ne relevait pas de son art, conseilla celui qui avait si bien réussi l'année précédente : un changement d'air. M. Doussot n'y fut pas opposé, d'autant plus que Noémi pourrait consulter encore un médecin de Paris ; il ne doutait pas que sa fille ne lui revînt au bout de quelques semaines.

Mais voici que le boulanger, apprenant que Noémi faisait ses préparatifs de départ, lui apporte une liste de deux cents francs de bons de pain qu'elle avait distribués l'hiver à ses pauvres, et qui étaient restés impayés. Perplexe, elle se travaillait l'esprit pour savoir comment sortir de ce mauvais pas ? Elle recourut à son père et lui confia son embarras. M. Doussot, toujours d'excellente composition, promit de solder encore cette note et le fit sans délai.

Gaston, averti de l'arrivée de sa sœur, alla au débarcadère du chemin de fer pour l'attendre et la conduire au pensionnat de Mme Michaud où elle était reçue de nouveau comme pensionnaire libre, en ce commencement d'avril 1853.

Dès qu'elle fut remise de la fatigue du voyage, Gaston la mena chez le Dr Régnier, médecin de l'Institution Jauffret, qui, après avoir examiné attentivement l'état de la malade, prit à part Gaston pour lui dire :

— Ce dont souffre votre sœur est plus moral que physique : ne serait-ce pas les suites d'un amour contrarié ?

— Non, docteur ; c'est une vocation religieuse contredite.

— C'est la même chose quant aux effets :
elle a un désir qui la mine. En conséquence,
séjour à la campagne, promenades, distrac-
tions : voilà tout ce que je vois à prescrire.

Noémi aurait pu aller chez sa grand'mère, à
Versailles : Mme Durieu la désirait ; mais afin
de lui éviter de nouvelles contestations qui
auraient été fatales à sa santé ébranlée, Gaston
estima meilleur de l'envoyer à Châteauroux,
dans une famille amie, où elle resta jusqu'en
fin mai. Sentant alors ses forces rétablies, elle
revint à Paris, chez Mme Michaud, afin de
jouir de la société de Gaston avant de se séparer de lui pour toujours.

Elle revit à loisir M. Pététot. Il avait donné
sa démission de curé de Saint-Roch huit mois
auparavant afin de se consacrer tout entier au
rétablissement de la congrégation de l'Oratoire : projet qui aboutit à bien en cette même
année 1853. Il ne fit pas difficulté de décla-
rer le retour à Épernay inutile, parce que tout
espoir d'obtenir le consentement de M. Doussot était illusoire ; d'ailleurs, ç'aurait été compromettre la convalescence de Noémi : il convenait donc qu'elle passât à Paris, dans le calme

de sa résidence, les six semaines qui la séparaient encore de sa majorité.

Mais en quelque lieu qu'on se retire, l'épreuve nous assaille toujours. Noémi retrouvait chez Mme Michaud une ancienne amie d'enfance, compagne de ses jeux à Épernay, qui avait toujours fréquenté la maison de ses parents, quoique, devenue jeune fille, elle redoutât de se trouver à table avec M. Doussot dont les libres propos la faisaient rougir. Elle connaissait Gaston, car tous trois avaient grandi ensemble. Alice N... était d'une idéale beauté et d'un esprit très-cultivé. Gaston venait passer les dimanches et les jours de congés auprès de sa sœur; leurs entretiens se prolongeaient jusque dans la soirée sans qu'ils pussent épuiser ce qu'ils avaient à se dire. Alice se joignait à eux, ce qui formait un petit cercle d'une intimité charmante; mais ses idées détonnaient un peu, car, quoique bonne chrétienne, elle était très-attachée au monde et bornait là son horizon. Gaston, déjà prêcheur par vocation, désireux de gagner des âmes à la vie parfaite, mais inexpérimenté et quelque peu imprudent, comme est la jeunesse, lui exposait avec ardeur l'austère grandeur de l'abnégation totale, le néant de tout en dehors de Dieu, les joies de l'amour divin. Noémi, toute à la pensée de se donner à Jésus-Christ, abondait dans le même sens, joignant ses arguments aux siens. Le jeune apôtre, remarquable par sa haute distinction comme par l'élévation de ses sentiments et la grâce de ses discours, ne s'apercevait pas qu'au lieu de gagner une âme il faisait la conquête d'un cœur. Alice, ravie de l'entendre, rêvait affection terrestre, pendant qu'il lui parlait du bonheur céleste. Elle avait perdu son père et sa mère ; seule, une tante établie à Paris veillait de loin sur elle ; d'où un isolement qui explique mieux et ce besoin d'aimer, et la facilité à s'y laisser entraîner.

Les choses allaient ce train, lorsque, au commencement de juillet, la tante d'Alice vint trouver Noémi pour lui faire la communication suivante : « Notre Alice est demandée en mariage ; le parti paraît bon ; mais, je le sais pertinemment, elle aime votre frère ; il semble également qu'elle ne lui déplaît pas ; avant de donner une réponse, nous désirerions savoir quelles sont les vues de M. Gaston ; car Alice aurait le plus grand chagrin si elle devait renoncer à lui : veuillez donc sonder votre frère. Pour faciliter la négociation, voici une lettre où je vous expose la situation : faites-la-lui connaître et plaidez chaleureusement la cause de votre amie. »

Noémi fut stupéfaite de ce langage : elle voyait clairement que ce n'était qu'une feinte de cette tante pour loger convenablement sa nièce; elle était aussi à mille lieues de soupçonner de tels sentiments chez Alice; mais que Gaston l'aimât, elle ne le croyait nullement : le souvenir qu'il gardait à sa mère, l'amitié qu'il lui portait à elle-même, sa passion pour l'étude, le tenaient bien éloigné de vouloir donner de l'amour à personne.

Cependant, anxieuse, elle monte en voiture, arrive à l'Institution Jauffret, pénètre dans le cabinet de son frère; mais, trop impressionnée pour pouvoir parler, elle lui présente la missive susdite. Gaston la prend, un peu étonné de la brusque invasion de sa sœur, va s'accouder à la cheminée, et se met à la parcourir. Noémi le couvait du regard et suivait avec angoisse ses moindres mouvements. La physionomie de son frère exprima d'abord une vive surprise, suivie d'une sensible contrariété. Les sourcils froncés, il réfléchit, ferma lentement la lettre, puis, dépliant une feuille qui se trouvait sur son bureau près d'une enveloppe décachetée, il la tendit à sa sœur, en disant : « Tiens, lis, voici ma réponse ! »

Noémi la saisit avidement et dévora les quelques lignes en un instant : le P. Lacordaire y donnait à Gaston la permission d'entrer au noviciat dominicain de Flavigny !

Elle s'affaissa sur sa chaise, écrasée par cette révélation foudroyante : Gaston religieux ! dominicain ! tous deux abandonnant à la fois le foyer paternel !

— Et père, le sait-il ? murmura-t-elle.

— Non, répondit Gaston en se rapprochant d'elle ; je le lui annoncerai lorsque tu seras entrée chez les Sœurs de la Charité.

— Comment, tu ne m'en as rien dit ?

— N'avais-tu pas assez de tes difficultés ? D'ailleurs, c'est chose décidée depuis dix-huit mois seulement.

— L'as-tu confié à notre mère ?

— Elle l'a su avant de mourir; elle a béni cette résolution, mais en exigeant que j'attende après toi, pour la réaliser.

Gaston ajouta d'une voix grave :

— Dieu nous appelle tous les deux, chère petite sœur; c'est un grand honneur et une grande grâce : soyons-y fidèles!

Noémi, transportée, se jeta dans ses bras : ce sont des moments qui ne sont pas de la terre!

Qu'il est beau de voir ces deux êtres plus célestes qu'humains, méprisant le monde et ses espérances les plus flatteuses, s'immolant à Dieu dans tout l'éclat de la jeunesse et du talent, foulant aux pieds les choses d'ici-bas pour reporter tout leur amour au ciel et y vivre par avance : les anges durent chanter l'hosanna devant l'Éternel à ce sublime spectacle! De tels sacrifices ne compensent-ils pas, auprès de la justice divine, les crimes commis en notre malheureuse patrie : comment jamais désespérer d'elle quand il s'y rencontre encore de telles âmes!

Noémi quitta son frère, le cœur remué jusqu'en son fond. Elle alla tout raconter à la

pauvre Alice : scène de désolation et de larmes!
« Mais fais-toi religieuse », lui répétait Noémi,
qui trouvait cela tout simple. Ce mot calma
subitement son amie. Elle comprenait enfin :
Gaston n'avait voulu que l'entraîner à Dieu,
alors qu'elle avait cru à un amour humain. Le
suivrait-elle? Elle en eut quelques instants la
pensée; mais il n'y avait pas vocation divine et
cette velléité n'eut pas de suite. Elle n'eut plus
que de lointains rapports avec ses deux amis et
connut les pesantes tribulations prédites par
saint Paul à ceux qui s'engagent dans le siècle;
mais leurs prières la soutinrent dans la vie si
fervemment chrétienne qu'elle mène encore
aujourd'hui.

Le 10 juillet 1853, Noémi eut vingt et un
ans. M. Pététot lui écrivit : « Ma chère enfant,
je n'hésite pas à vous dire que dans la situation
où en sont les choses, vous n'avez à faire que
ce que vous m'écrivez. Dieu a travaillé dans
votre âme pour vous préparer à votre grande
offrande. Je le prierai et ferai prier à votre
intention. N'oubliez pas de votre côté notre
petite œuvre, que Dieu, je crois, veut bénir. Je
suis, etc. » Le 17 du même mois, Gaston con-

duisait sa sœur à Enghien, près Paris, dans la
maison des Filles de la Charité de Saint-Vincent de Paul, où elle devait faire son postulat.

Comme les anges, selon qu'il est dit en saint
Jean, montent vers Dieu et descendent vers
les hommes, *ascendentes et descendentes,* afin
de les amener à lui, ainsi Gaston, encore
enfant, instruit des premiers principes de la
foi, en fait part aussitôt à sa petite sœur pour
la tourner vers le ciel; ensuite, comme *l'ange,*
il *marche devant* elle *pour* lui *indiquer la voie*
qui mène au Seigneur Jésus; il use pour l'entraîner au vrai et au bien de la douce et discrète
influence de ses exemples, respectant en elle
la sainte liberté de l'âme; mais si notre ange
gardien se voit félicité par les bienheureux
esprits du succès de sa mission, lorsque le
salut de l'un de nous est assuré, Gaston ne
dut-il pas exulter avec la cour céleste en faisant
entrer parmi les épouses du Christ la sœur
chérie avec laquelle il était en si parfaite communauté de pensées, de pureté et de vie!

Il porta sans tarder à son père la lettre où
Noémi lui faisait ses adieux, l'assurait de sa

constante tendresse et lui donnait l'adresse du lieu où elle était placée.

Le coup fut terrible : M. Doussot parut devoir en perdre l'esprit. Il parlait seul, tout haut, marchant, gesticulant, comme s'il eût eu la tête égarée. Gaston attendit quelques jours. Lorsqu'il le vit plus calme, il lui déclara qu'il voulait aussi quitter le monde et venait lui dire un filial adieu. M. Doussot le regarda long-temps, en silence, comme s'il repassait en sa mémoire une longue suite d'espoirs brisés; puis, faisant un geste d'adhésion désespéré, il se leva pour aller s'enfermer dans sa chambre : Gaston l'embrassa tendrement et s'éloigna.

Rentré à Paris, il prit congé de M. Jauffret ainsi que du corps des professeurs, qui pleu-raient tous, et partit pour Flavigny, où il reçut l'habit de Saint-Dominique, le 11 août 1853, des mains de Lacordaire.

Une lettre autographe de cet illustre Père, datée de Flavigny, 12 août 1853, porte ces mots : « Le jeune Doussot, excellent sujet, a pris l'habit hier. »

Dante a un mot sublime. Il montre une âme
entrant au paradis; aussitôt les élus s'écrient :
« Voici qui accroîtra nos amours! »

> Si vid'io ben piu di mille splendori
> Transi ver noi, ed in ciascun s'udia :
> Ecco chi crescera li nostri amori !

(Paradiso, Canto V.)

De même, la sainte Église de Dieu tressaille
d'allégresse lorsque de nouvelles recrues
s'engagent dans la milice sainte et s'élancent
dans la voie de la perfection à la conquête
du royaume céleste.

Les pouvoirs humains croient triompher lorsque, couvrant leur tyrannie du nom de liberté,
ils ferment quelques monastères et dispersent
leurs habitants; mais Jésus-Christ, qui veut la
vie religieuse indéfectible en son Église, passe
dans chaque génération, fait entendre son appel
à de jeunes gens, à de jeunes filles, qui, abandonnant tout à sa voix, lui répondent : « *Voici,
Seigneur, que je viens pour faire votre volonté.* »

Ainsi se perpétuent, malgré le monde ennemi et Satan, son prince, les ordres monastiques : « Les chênes et les moines sont éternels. »

Heureux serons-nous si cette véridique histoire de deux âmes s'échappant de l'impiété voltairienne pour courir à l'idéal chrétien, peut faire admirer, une fois de plus, la sagesse de la divine Providence reluisant dans la grandeur et dans la richesse des dispositions d'un si bel ouvrage !

LE PÈRE DOUSSOT

DOMINICAIN

ET LA MÈRE ÉLISABETH

CARMÉLITE DÉCHAUSSÉE

Le lecteur nous pardonnerait-il d'abandonner ici Gaston et Noémi sans lui narrer, au moins à grands traits, ce qu'ils sont devenus dans cette vie religieuse au seuil de laquelle nous les avons conduits?

Nous espérions, il est vrai, qu'une plume plus autorisée que la nôtre écrirait ce que fut le Père Doussot, frère prêcheur, ainsi que la vie de la Mère Élisabeth, au Carmel; mais n'ayant pas connaissance que rien dût se publier prochainement, nous avons cru faire chose utile à la gloire de Dieu comme à l'édification générale en leur consacrant ces quelques pages.

Nous y suivrons la même méthode de n'avancer

rien qui ne soit appuyé sur des documents certains. Outre l'inestimable concours du Carmel de Fontaine-bleau qui a le premier droit à notre reconnaissance, un grand nombre d'inédits, lettres, notes intimes, relations, souvenirs, ont afflué dans nos mains, permettant de donner leur couleur vraie et leur beauté propre à ces deux grands caractères qui se trouveront ainsi, le plus souvent, parler eux-mêmes.

LE PÈRE JOSEPH-ANTONIN DOUSSOT, DOMINICAIN
D'après le tableau de Marcel Rougeron.

CHAPITRE PREMIER

LE PÈRE JOSEPH-ANTONIN DOUSSOT
DOMINICAIN

Quoiqu'il n'y ait rien de plus intéressant que
cette succession d'événements qui préparent
deux âmes destinées à de grandes choses, il
n'est guère moins profitable de contempler
dans la suite de leur vie les divines conduites
de la Providence.

Gaston avait pris l'habit de Saint-Dominique,
à Flavigny, le 11 août 1853, sous le nom de
Frère Antonin Doussot, auquel il ajouta, dans
la suite, celui de Joseph. Il arrivait du monde
plein de jeunesse, d'ardeur et de vie. Notre-
Seigneur dut dire de lui, comme de saint Paul :
« Cet homme est un instrument que j'ai choisi...
je lui montrerai tout ce qu'il doit souffrir pour
mon nom. »

Il faut reconnaître que le bruit du monde,

l'activité qu'il impose, cachent habituellement aux postulants leur véritable état d'âme, car ses misères sont comme voilées pour eux par la ferveur sensible que Dieu leur laisse d'ordinaire, afin de les soutenir dans la lutte contre le siècle. Mais la séparation des choses extérieures, la solitude, le recueillement permettent de voir combien souvent les vertus n'étaient qu'apparentes : le noviciat est donc très-propre à la formation intérieure.

Frère Doussot embrassa avec un véhément courage les saintes rigueurs de l'observance, veilles, jeûnes et pénitences, qui détachent de l'amour du corps; les pratiques humiliantes, qui étouffent l'amour-propre; les actes d'obéissance qui disciplinent la volonté; les lectures et les instructions morales, qui développent la connaissance de soi; enfin, la sainte stratégie qui réduit les passions. Cette année de vie éloignée de la bagatelle dilata son cœur dans une paix et une joie si pure qu'il n'avait jamais éprouvé d'impression aussi céleste.

Après avoir émis ses vœux solennels le 14 août 1854, veille de l'Assomption de la Vierge, il partit pour le couvent de Chalais, transformé en maison d'études. C'était une ancienne chartreuse, située au milieu des montagnes du Dauphiné, sur un pic auquel on ne pouvait accéder de la grand'route qu'après une ascension de plusieurs heures. Site agreste que décrit Lacordaire : « La maison était pauvre, ainsi que l'église, avec ses épais murs du moyen âge; mais quelle majesté dans les bois ! Quelle puissance dans ces lignes de rochers qui s'élevaient au-dessus de nos têtes ! Quel charme dans ces prairies qui étendaient plus près de nous leur gazon et leurs fleurs ! De longues allées séculaires, ombragées d'arbres inégaux, nous conduisaient dans toute sorte d'endroits cachés, aux bords des précipices, au fond des torrents, sous des massifs de sapins et de hêtres, entre des taillis plus jeunes, et enfin jusqu'aux sommets qui étaient comme la couronne de ces lieux enchantés. »

Ce fut là que Frère Doussot s'appliqua à la scolastique avec sa puissance de travail intellectuel à peine croyable et sa mémoire prodigieuse : s'assimiler chaque jour quatre articles de la *Somme* de saint Thomas n'était qu'un jeu pour lui et ne lui suffisait pas; il lassait les lecteurs ; si bien qu'au bout de deux années, il put être ordonné prêtre.

L'étude, chez lui, n'avait pas nui à la piété. L'onction sacerdotale imprima en son âme la plus tendre dévotion pour l'Eucharistie. Jamais il ne voulut, même en voyage, rester un jour sans dire la messe. Il la célébrait, jusqu'à la fin de sa vie, avec une telle religion, dans un recueillement si profond, que les assistants se sentaient pénétrés de respect pour nos divins mystères.

Le Révérendissime Père Jandel, général de l'Ordre, envoya celui que nous appellerons désormais le Père Doussot, au couvent de Lyon, où se faisait un essai de retour à la stricte observance des Constitutions de saint Dominique. Il y resta une année, qu'il employa à parfaire ses connaissances dogmatiques et mystiques ; mais, laissé à lui-même, il satisfit ses désirs de pénitences et de jeûnes avec un tel excès, que sa robuste santé en fut ébranlée. Il tomba malade : Dieu brisait cette nature trop ardente.

Dans ce temps, le curé d'Ars remplissait l'est de la France et surtout la région lyonnaise du

bruit de sa sainteté et de ses miracles ; miséricordieux envers les pécheurs, il se montrait
leur vrai médecin par sa direction pleine de
lumières divines. Le P. Doussot alla voir
le bienheureux Vianney ; une intimité surnaturelle s'établit aussitôt entre eux ; de longs
entretiens s'ensuivirent. Le saint curé lui
montra, par ses épreuves, comment toute la
conduite de la Providence tendait à le ramener
à la considération de son néant.

Cette suprême leçon de la divine sagesse lui
apparut dans sa complète évidence. Il comprit
tout ce que sa nature comportait d'orgueil :
comment ses succès de lycéen, les louanges
immodérées de sa mère et de tous les siens, les
égards marqués dont on l'entourait chez Jauffret
et dans les familles qu'il fréquentait, le renom
pieux même dont jouissaient son zèle et sa charité pour les pauvres, l'élégance et la recherche
de sa mise, tout enfin avait contribué depuis
l'enfance à nourrir en lui l'estime de soi. Il en-
trevit encore comment la vie religieuse elle-
même n'avait pas été pénétrée par lui dans son
esprit, qui est d'être pour l'âme une école d'humilité enseignée et maintenue par toutes les pra-

tiques de l'obéissance, de la charité fraternelle et de l'observance régulière.

Le curé d'Ars lui fit sentir, ensuite, dans la vie de Jésus, l'intensité de l'appel à l'abjection; comment le Sauveur s'en était enveloppé de la crèche de Bethléem à la croix du Calvaire, poussant l'amour et la soif des mépris jusqu'à l'extrême afin de nous entraîner à le suivre : pour y répondre, il devait s'adonner davantage à la vie intérieure et à l'oraison.

Résolvant enfin un doute qui agitait fort son esprit, le Bienheureux lui conseilla de se mettre à la disposition de son Général qui voulait former des communautés de complète observance.

Il le fit et fut pris au mot : le Révérendissime P. Jandel l'envoya aussitôt comme maître des novices à Gratz, en Autriche, où s'établissait un de ces couvents (1857). Ce parfait obéissant s'y transporta sans délai. L'entente fut-elle difficile avec le prieur, Italien, homme vertueux; mais, comme lui, à peine âgé de vingt-sept ans ? Quoi qu'il en soit, par une mesure qui a toute l'apparence d'une disgrâce, il dut se rendre, l'année suivante, au couvent de

Woodchester, en Angleterre, puis à celui de Newcastle, où il fut chargé d'évangéliser le peuple de la campagne. C'est dans cette situation rabaissée que le Révérendissime Père Général vint le chercher pour lui donner un poste des plus élevés dans son Ordre.

Le P. Doussot était appelé à Rome pour remplacer le vénéré P. Besson, comme maître des novices au couvent de Sainte-Sabine. Les neuf années qu'il devait y demeurer, de 1859 à 1868, comptent parmi les plus fécondes de sa vie religieuse; elles en sont comme le point culminant. Il y arrivait à ving-neuf ans et demi; mais son âme était mûrie par l'épreuve. Il régna sur ses novices par l'ascendant de ses vertus et par l'exemple.

« Là se sont formés des promoteurs d'observances régulières qui furent les pionniers de l'œuvre restauratrice des provinces dominicaines dans les deux mondes. C'était un curieux spectacle que la vue de ces cinquante novices français, espagnols, italiens, polonais, allemands, belges, hollandais, portugais, même chinois, s'entretenant chacun dans sa langue ou en latin avec leur Père Maître. Doué d'apti-

tudes les plus variées, il s'assimilait en quelques
mois une langue étrangère à l'égal de la sienne.
On l'entendait parler français, italien, anglais,
allemand, espagnol, latin, hébreu, dans une
même conversation. Il était lecteur en théologie et il imposait à ces jeunes religieux par
la vaste étendue de ses connaissances. « C'est
« une obligation grave pour un dominicain,
« leur disait-il, de travailler à acquérir un
« grand fonds de science. Sans elle, vous ne
« ferez jamais rien de sérieux dans le minis-
« tère. » Les études sacrées et profanes lui
tenaient au cœur pour former des apôtres et
l'on peut dire qu'il n'était étranger à aucun
progrès scientifique ou doctrinal. Il avait le
sens catholique au suprême degré. Hébraïsant
et exégète, la sainte Bible était toujours ouverte
sur sa table de travail : il creusait constamment
cette mine inépuisable d'oracles divins et reprenait sans effort à ses moindres moments
libres le commentaire interrompu, quelque
distrayantes que fussent ses occupations. Il
était capable de continuer le verset commencé
de la sainte Écriture ou d'indiquer le passage
qui s'y rapportait. Il avouait être à même de

reconstituer les saints Livres si, par impossible, ils venaient à se perdre. Nous l'avons vu se reposer sur la natte qui lui servait de lit, se faisant lire Isaïe, après une course qui aurait exigé des heures de sommeil. » (Extrait des relations des PP. Raynal 'et Iweins, O. P.)

La direction qu'il donnait alors aux âmes était très-austère. Il demandait avant tout l'humilité : celle qui accepte l'humiliation. Aussi insistait-il fortement sur la connaissance et l'amour de la propre abjection, nourrie par la considération de son néant et des péchés commis; mais en rapportant tout bien à Dieu, comme créateur, ou comme auteur de la grâce sans laquelle nous ne pouvons rien faire.

« Dans une cérémonie qui réunissait à Saint-Pierre plus de vingt mille personnes, un de ses novices lui ayant dit : « D'après l'*Imitation de* « *Jésus-Christ,* il ne faut penser avoir fait quel-« ques progrès dans la perfection que si l'on se « reconnaît le dernier de tous : j'avoue n'y « pouvoir parvenir. — Priez, répondit le Père « Maître; car, pour ma part, ma conviction est « que je suis le plus misérable de tous ceux « qui sont ici. » (P. Iweins.)

« Il y en avait un autre dont les qualités de cœur et d'esprit faisaient présager la haute destinée et qui, en effet, fut, depuis, plusieurs fois prieur et provincial. Le Père s'attacha à le rendre fort humble. Chaque jour, pendant une année entière, il lui donna son point de méditation et toujours sur l'humilité. » (P. Iweins.)

Il savait par intuition comment chacun devait être conduit.

« Il nous menait par la voie, tantôt de la persuasion, tantôt du renoncement, sachant attendre l'heure de la grâce et surtout celle où la croix pourrait être plantée plus profondément, mais offrait aussitôt le baume pour la blessure faite. » (P. Raynal.)

« Jamais il ne demandait un sacrifice qu'il croyait au-dessus des forces; toutefois, quand il rencontrait dans un cœur de généreux élans vers la perfection, il le secondait de tout son pouvoir et obtenait des résultats merveilleux. Il établissait l'âme dans un état d'abnégation complète, ne comprenant pas qu'on voulût aimer Dieu et qu'on ne renonçât pas à toutes choses, en particulier à la volonté propre : sur ce point, il était inflexible. » (P. Iweins.)

Il avait lui-même laissé s'écouler les quatre premières années de sa vie religieuse sans écrire à sa sœur, ni pour sa profession, ni pour son ordination.

Il pressait les novices de s'appliquer à la prière et de la rendre, autant qu'il est possible, continuelle. Son exemple entraînait. On le trouvait toujours, dans les moments libres, égrenant le rosaire attaché à sa ceinture : « Le soldat, disait-il, aime à porter la main sur l'épée qui pend à son côté. » Il ne cessait de réciter l'*Ave Maria*.

Son dévouement pour les âmes était inlassable et sa discrétion absolue. Son zèle ne faisait pas acception de personne ; ainsi, une vieille mendiante qui fréquentait son confessionnal à Sainte-Sabine, avait du temps comme une grande dame. Il souffrait lorsqu'il voyait que plusieurs se dérobaient au service des religieuses ou le décriaient. Avec saint Bernard, il disait ne point vouloir mépriser les femmes, puisque la Sainte Vierge était femme et qu'il avait eu, lui-même, une femme pour mère. Il estimait, au contraire, cet apostolat auprès des personnes consacrées à Dieu, comme un des plus fructueux. Cependant il déclarait, dans l'intimité, que la direction était devenue chose ardue et pénible, soit par les résistances qu'on rencontre dans les âmes, soit par leur inconstance dans le bien, soit par l'extrême délicatesse qu'elles apportent de nos jours à se laisser corriger, ce qui lui faisait perdre une grande partie de ses fruits.

Il était célèbre dans Rome comme directeur, quoiqu'il fût jugé rigide.

« On le disait très-bon, mais ayant parfois des vues trop élevées sur ceux qui se confiaient à lui. Il les voulait sur les cimes dès les commencements : ce qui le rendait exigeant, sévère même. Ce défaut se modifia plus tard, avec l'expérience ; mais le fond resta le même. » (Abbé Huvelin.)

Cependant il attirait les âmes et leur inspirait une confiance illimitée. Le Révérendissime P. Jandel se confessait à lui tous les jours et l'avait en si grande estime qu'il l'appelait « un autre Dominique ».

Mais il souffrait d'un mal qui ne cessa d'être le sien parce qu'il est celui des grands esprits affamés d'idéal. Quoi qu'il eût accompli pour

Dieu, il lui paraissait toujours n'avoir rien fait;
sa vie lui semblait d'un vide et d'une inutilité
désespérante. Aucune pénitence ne pouvait
assouvir sa soif de souffrir en union avec Jésus
pour le salut des pécheurs. La ferveur du noviciat, si grande, cependant, que les anciens
novices l'appellent encore « un petit paradis
terrestre », de même que la régularité d'observance de la conventualité de Sainte-Sabine,
ne satisfaisaient pas son désir de vie parfaite.
Il s'y rencontrait des scories; mais où n'y en
a-t-il pas? On en trouverait encore, dit saint
Jean de la Croix, à supposer qu'une communauté fût composée d'anges, si on se laissait
aller à examiner curieusement leur conduite.
L'aspiration vers Dieu seul, pour n'être occupé
que de lui, comme les bienheureux dans le
ciel, le tourmentait également. Il rêvait de
la vie du chartreux, de sa solitude, de son
silence, de la pureté du cœur qui en est la
suite. Ici, devient sensible le point faible de
l'âme du P. Doussot. Sa sœur, femme émi-
nemment pratique, le lui redisait souvent.
L'état présent ne savait jamais le contenter; il
concevait encore une perfection plus haute et

ne pouvait trouver la paix. Le côté spéculatif
de son esprit, développé encore par l'étude des
hautes mathématiques, était entretenu par la
lutte qui divisait alors son Ordre, comme elle
les divise tous, entre ceux qui défendent le
patrimoine sacré laissé par les saints fonda-
teurs, et ceux qui voudraient l'accommoder
aux contingences des temps présents; tout
paraissait légitimer ce qui était en lui, dans la
réalité, une légère teinte d'exagération qui
compromettait le bien aux yeux de plus faibles.
Les élections générales qui approchaient lui
faisaient appréhender que le nouvel élu, en
juin 1862, ne ruinât les efforts faits pour rétablir l'antique observance. A tout cela s'ajoutait
encore un désir immense d'effacement, de vie
cachée et méprisée, alors qu'à Sainte-Sabine
il était sur le pavois, honoré du sacré Collége
et du Pape même, hautement apprécié par son
Général et par tout ce que Rome comptait
d'hommes distingués, soit ecclésiastiques, soit
laïques : il voulait fuir; l'idée d'aller à la grande
Chartreuse le hantait. Il s'en ouvrit au Révérendissime P. Jandel, qui céda, à son corps dé-
fendant, et lui permit d'y faire un essai. Il fut

malheureux, comme on pouvait le prévoir. L'âme ressentit une paix céleste; mais Dieu qui ne voulait pas cet exode, le montra. Dès les premiers jours, une tumeur commença de paraître à la cheville du pied : le médecin du monastère y vit un dangereux germe infectieux qui demandait une opération dont il redoutait de se charger. Le Général des chartreux reconnut à ce signe que le postulant n'était pas appelé par Notre-Seigneur à cette nouvelle forme de vie. Le Père reprit le chemin de Rome, où il fut reçu avec de vives manifestations de joie par le Révérendissime P. Jandel et par ses novices, inquiets d'une absence aussi prolongée, mais dont ils ignorèrent la cause.

Ses craintes sur le résultat du Chapitre général ne se vérifièrent pas : le P. Jandel fut réélu Général, au premier tour de scrutin et presque à l'unanimité.

Cependant Dieu lui imposa, en 1868, la plus grande épreuve qu'il eut jamais à subir, c'est-à-dire la dissolution du noviciat de Sainte-Sabine, auquel il avait consacré les plus belles années de sa vie. La révolution, faite d'hypocrise et de violence, ne cessait de tendre à la destruction du pouvoir temporel. S'emparer de Rome était son but avoué; ses empiétements incessants faisaient prévoir une issue fatale. Les Supérieurs de l'Ordre jugèrent prudent de transporter le noviciat à Saint-Maximin, en Provence. La communauté se dispersa; le P. Doussot resta seul avec quelques convers dans ce couvent où régnait jusque-là une vie si régulière et si édifiante. Ce lui fut un brisement de cœur indicible. Sa physionomie prit cette expression de désenchantement et de tristesse qu'elle garda depuis : il porta toujours le deuil de son cher noviciat et du couvent de Sainte-Sabine où il avait vu réalisé son idéal de la vie dominicaine !

C'est alors qu'il acheva sa traduction française des *Conciles généraux* de Mgr Tizzani, ouvrage en quatre volumes, très-estimé.

Le concile du Vatican s'ouvrit le 8 décembre 1869. Le P. Doussot partageait les convictions du Révérendissime P. Jandel et des plus illustres théologiens de son Ordre, que Lacordaire lui-même avait jadis défendues auprès de Montalembert, sur l'infaillibilité pontificale et l'opportunité de sa définition : il eut la joie de voir le vénéré Mgr Allou, évêque de Meaux, dont il était le théologien au concile, y adhérer immédiatement.

Toutefois, ce savant, cet ascète, ce mystique, devait non seulement fournir une carrière religieuse singulièrement féconde ; mais encore paraître sur les champs de bataille dans les grandes luttes pour le salut de la Papauté et de la France.

Mgr de Mérode, ministre des armes de Pie IX, et le cardinal Antonelli, avaient désiré qu'il fût un des aumôniers volontaires de la Légion d'Antibes et des Zouaves pontificaux. Il s'y dévoua avec cette activité qui lui faisait doubler les heures du jour et quelquefois de la nuit.

« Nous nous demandions comment, à la distance de l'Aventin au centre de Rome, on pouvait le voir descendre et remonter pour se trouver au poste du devoir sans manquer à personne. Servi par un don d'insinuation irrésistible et une éducation parfaite, il se frayait un chemin dans les cœurs les plus fermés. Simple et cordial avec le soldat, distingué et

affable avec les chefs, tenant table ouverte à
Sainte-Sabine pour les zouaves qui s'y trou-
vaient comme en famille, il était l'homme de
tous, depuis le prie-Dieu, jusqu'à la tente, au
mess, à la caserne... et à la prison. J'entends
encore ce plaidoyer émouvant en faveur d'un
neveu d'évêque, pris de nostalgie, déserteur
durant quelques jours, revenu au corps et prisonnier à Monte-Rotondo : la réponse fut la
même que toujours : « Pour vous, mon Père,
« on fera tout. » Les bandes garibaldiennes,
grâce à la complicité du Piémont et aux com-
plaisances de l'Empire, s'agitaient sur les dernières frontières des États pontificaux. Forcé
par l'opinion, en France, et dominé par l'influence de Pie IX, le corps d'armée français
amené en Italie soutint, le 3 novembre 1867,
le régiment des zouaves qui se battirent à Mentana comme des lions. Le Père était au milieu
d'eux, absolvant les mourants. Le lendemain
de la bataille, les hôpitaux de Rome regor-
geaient de blessés; San Spirito, les ambu-
lances, les villas, étaient sans cesse visités par
le P. Doussot, dirigeant et soutenant de généreux ambulanciers, Charles Ozanam, Keller

et autres amis venus de Paris. » (P. Raynal.)

Il écrit à sa sœur, le 28 février 1868 : « Je viens d'être nommé officiellement chapelain militaire, charge que je n'avais remplie jusqu'ici que provisoirement et bénévolement. J'ai été à l'audience du Saint-Père pour le remercier de cette distinction et j'ai reçu de lui la croix de la campagne de Mentana, comme tous les militaires qui y ont pris part : je te l'enverrai par la première occasion afin que tu la suspendes pour toujours à la statue de la Sainte Vierge, comme un faible hommage de reconnaissance et d'amour du plus pauvre et du plus inutile de ses serviteurs. » On trouve encore cette note dans une lettre écrite un mois plus tard : « ... Nous étions huit aumôniers pour disposer à la communion pascale plus de mille zouaves pontificaux. »

« Alors se formèrent plus intimes et plus forts les liens qui devaient l'unir à M. de Charette par la plus profonde amitié, dans la pratique d'un héroïsme égal, celui du prêtre et celui du soldat. » (P. Raynal.)

Il eut le bonheur périlleux de l'accompagner, le 13 septembre 1870, dans cette retraite nocturne de Viterbe sur Rome, par Vetralla et Civita-Vecchia, qui déjoua par sa hardiesse toutes les combinaisons du général Bixio, chargé d'enlever son détachement. Pie IX voulut entendre de la bouche même du P. Doussot le récit de cette action tellement extraordinaire, à cause de l'investissement de la dernière ligne de défense, qu'elle sembla conduite par les anges eux-mêmes.

Les troupes pontificales, concentrées dans Rome, cernées par l'armée italienne forte de quatre-vingt mille hommes, abandonnées par la France aux prises avec la Prusse, se préparaient à défendre valeureusement la brèche ouverte par le canon ennemi à la *Porta Pia,* lorsque Pie IX, voulant éviter une effusion de sang inutile, ordonna de rendre la ville.

Selon sa coutume, le P. Doussot s'était tenu durant l'action au point le plus exposé, assistant ceux qui étaient frappés. Il est fait brutalement prisonnier, contre toutes les lois de la guerre, par une compagnie de bersaglieri; mais il leur échappe providentiellement et rejoint son cher régiment.

En rentrant au château Saint-Ange qui leur

servait de caserne, les zouaves voient sur la porte le drapeau du Pape : c'était le dernier qui flottât encore dans Rome. Frémissants d'indignation et de douleur, ils le saisissent,

LE P. DOUSSOT, AUMÔNIER DES ZOUAVES PONTIFICAUX

puis le divisent en plusieurs pièces qu'ils dissimulent sous leurs vêtements.

Aux termes de la capitulation, les zouaves durent rendre leurs armes en sortant de Rome : ils brisaient leurs fusils en pleurant avant de les jeter aux pieds des officiers ennemis. Le P. Doussot défilait avec eux, méprisant les injures dont on couvrait son costume religieux.

Le lendemain, tous s'embarquaient sur l'*Orénoque*, qui les conduisit à Marseille. C'est à l'issue de la messe qu'il célébra sur le pont de la frégate que les zouaves se partagèrent les morceaux du dernier étendard pontifical : ce leur fut comme autant de reliques. Ils réservèrent la pique, avec la cravate qui l'ornait, pour leur aumônier, qui les déposa plus tard dans le sanctuaire de Notre-Dame de Prouille.

Deux dimanches de suite, le Père leur prêcha, dans la vieille église Sainte-Marthe de Tarascon, des sermons en sept points — courts, mais sept — demeurés légendaires parmi les zouaves : « ils agaçaient nos sabres », a écrit spirituellement l'un d'eux; mais ils avaient, entre Rome tombée et la France envahie, un accent prophétique qui les rendait saisissants, et dans lequel s'ébauchaient les grandes choses de Loigny.

Cependant on leur marchandait l'honneur de se battre. Le P. Doussot les suit à Tours, le 9 octobre, et fait partie de la députation qui leur obtient du gouvernement le droit de cité dans l'armée française avec le nom de « Légion des Volontaires de l'Ouest », sous le commandement du colonel de Charette.

« Aussitôt, écrit le P. Doussot à sa sœur, nous avons dû prendre le train pour Orléans. Nos zouaves se sont admirablement battus le 11, dans la forêt : cent cinquante contre un millier de Prussiens, lesquels ont eu deux cent cinquante tués ou blessés. Nous avons perdu treize hommes seulement. Dieu nous a visiblement protégés au milieu de la véritable grêle de balles qui a tombé sur nous pendant trois quarts d'heure. Nous avons ensuite marché plusieurs jours avec l'armée de la Loire, *vivant je ne sais comment, dormant je ne sais où* (c'est le Père lui-même qui souligne). Nous venons enfin d'être envoyés au Mans pour nous y reformer et nous y équiper, car de nombreuses recrues nous arrivent tous les jours, et, Dieu aidant, nous formerons un magnifique régiment. »

Les deux premiers bataillons entrent en campagne le 9 novembre, avec le P. de Gerlache, jésuite, comme aumônier. Le P. Doussot demeure au Mans, avec le 3ᵉ bataillon, qu'il accompagne dans sa pointe sur Nogent-le-

Rotrou, du 21 au 23 novembre; mais le P. de Gerlache tombe et se blesse; le P. Doussot est appelé, le 25, à le remplacer; cependant on lui demande de rester quand le Père jésuite est rétabli, attendu qu'il y aura bataille et besogne pour deux.

Le colonel de Charette et ses Volontaires faisaient partie du 17e corps de l'armée de la Loire, commandé par le général de Sonis. Ils eurent une vingtaine d'hommes mis hors de combat, le 25, à la chaude affaire de Brou, qui fut un succès pour nos armes.

M. de Sonis reçut l'ordre, le 26, de se replier sur la forêt de Marchenoir. Ce fut une marche de nuit, très-pénible, pour des troupes mal chaussées, mal nourries, surmenées, s'avançant sur un terrain couvert de neige.

Dans la nuit du 29 au 30, nouvel ordre de marcher au canon. Exténués, presque nu-pieds, le convoi qui amenait des souliers s'étant trompé de direction, les soldats vont quand même et bivouaquent à Coulmiers, le 30, à la tombée du jour.

On eût voulu s'arrêter, prendre quelque repos. Ordre arrive, le 1er décembre, à 9 heures

MARCHE DE NUIT SUR SAINT-PÉRAVY-LA-COLOMBE
le 1er décembre 1870.

du soir, de repartir; on n'en pouvait plus, mais on obéit. « Nous cheminions encore une fois dans la nuit, raconte le général de Sonis. Nous avions de 12 à 15 degrés de froid. Nous avancions lentement sur une route large et glacée; nos chevaux marchaient avec peine. En me retournant pour reconnaître ceux qui me suivaient, j'aperçus le colonel de Charette qui venait de mettre pied à terre pour se réchauffer. J'en fis autant, et nous nous mîmes à causer. Nous ne tardâmes pas à être rejoints par MM. de Bouillé, de Cazenove, de Troussures et par le P. Doussot, religieux dominicain et aumônier des Zouaves pontificaux. Là je puis dire que la conversation devint très-intime. La victoire de Coulmiers, remportée le 4 novembre, nous remplissait d'espérance. Nous parlions de choses de Dieu et nous écoutions avec le plus vif intérêt les paroles ardentes, convaincues, pleines de patriotisme, que le saint religieux nous disait. Nous étions animés de confiance, nous sentions que nous allions remplir un grand devoir; nous nous préparions au combat. »

Le P. Doussot ajoute : « Je marchais à pied

entre le général de Sonis et le colonel de Charette. Nous parlions ensemble du grand et seul
moyen de salut qui restât à la France et à ses
armées : celui de redevenir franchement chrétienne. Alors nous montrant son fanion que
portait un de ses spahis, M. de Sonis nous
dit : « Voilà pourquoi, ayant à mettre un signe
sur mon fanion, j'ai mis celui que vous voyez. »
C'était une croix blanche sur un fond bleu.
« Mais, général, dit Charette, j'y voudrais
quelque emblème religieux plus marqué. —
C'est vrai; cette croix héraldique ne parle pas
assez de Jésus-Christ. J'y avais d'abord fait
peindre un crucifix, mais il était si mal fait que
je n'en voulus pas. — Eh bien, général, tenez,
j'ai ce qu'il vous faut. »

« Alors, continue de Sonis, le colonel nous
parla d'une magnifique bannière brodée par les
visitandines de Paray-le-Monial et portant
l'image du Sacré-Cœur de Jésus... » qu'elles
avaient adressée à M. Dupont, le saint homme
de Tours, pour qu'il la donnât « aux Volontaires
de l'Ouest », nom qui fut attribué aux Zouaves
pontificaux, lorsque M. de Charette obtint de
mettre leur épée au service de la France.

Cette histoire du drapeau enthousiasma de
Sonis. On atteignait vers onze heures et demie
du soir un château, près de Saint-Péravy-la-
Colombe : il en fit son quartier général. C'est
alors que Charette lui montra la bannière en
moire blanche, portant au centre le Sacré-
Cœur de Jésus en velours cramoisi : au-dessus
et au-dessous de l'image on lisait l'inscription :
« Cœur sacré de Jésus, sauvez la France! »
C'était le jeune comte Henri de Verthamon,
zouave, déjà père d'une famille de deux petits
enfants, qui devait être le porte-drapeau.

Il fut convenu qu'on le déplierait seulement au moment du combat, sur le front des
zouaves.

Sonis retint le colonel de Charette et
MM. de Bouillé à coucher au château. Mais à
deux heures du matin, il les réveilla pour se
rendre avec eux à l'église du village, où le
P. Doussot allait célébrer la messe. « C'était
le premier vendredi du mois, 2 décembre ; et,
par une heureuse coïncidence, remarque Sonis, le religieux, se conformant à la liturgie de
son Ordre, disait ce jour-là l'office du Sacré-
Cœur. »

« Nous étions quinze assistants à cette messe, dit M. de Charette ; le soir, six étaient morts ; neuf, blessés », sous les plis sacrés de l'étendard du Sacré-Cœur.

Après l'action de grâces, l'ordre fut donné aux troupes de se mettre en route pour Patay.

Avant de décrire la glorieuse conduite des Volontaires de l'Ouest à Loigny, venons à parler plus au long du P. Doussot comme aumô- · nier et citons les détails caractéristiques rapportés par des témoins oculaires.

Sa diction un peu lente, ses sermons trop savants et sa piété mystique avaient d'abord paru ne point devoir réussir auprès des soldats. Ils aiment, en effet, à trouver dans leur aumônier la netteté, la fermeté, qui font le bon commandement militaire ; un prêtre timide, trop modeste, ne gagnera rien auprès d'eux. Mais sans parler de son dévouement absolu, qualité rare et précieuse, ils n'avaient pas tardé à reconnaître en lui ce qui les séduit par-dessus tout : le plus évident mépris du danger ; son esprit n'avait pas la notion du péril, disaient-ils. C'était l'homme le plus intrépide au feu qui se pût voir. Les zouaves passèrent vite de

LA COMMUNION SUPRÊME
le 2 décembre 1870.

15

l'étonnement à l'admiration la plus complète.
Joignez à cela qu'il était d'une bonté de cœur
inexprimable et l'on ne sera pas surpris qu'il
eût conquis l'amitié de tous.

La grâce d'état lui inspira bientôt le langage
propre à les toucher. Il comprenait le sens de
la discipline, toute pétrie d'esprit de sacrifice,
se nourrissant de ce que nos pères appelaient
si bien les vertus militaires. Il montrait dans
la profession des armes, chrétiennement em-
brassée, une vie de rachat perpétuel et de pardon ; il y reconnaissait une haute application
de l'exemple et des conseils divins. Cherchant
à pénétrer les directions de la Providence par
les événements, il leur montrait comment, au
milieu de l'air et d'un sol également rigoureux,
chassés d'Italie et se trouvant maintenant au
cœur de la France envahie, alors que la chose
publique semblait aller aux abîmes, le seul et
austère devoir se dressait devant eux, avec la
vocation particulière à leur troupe d'élite d'être
un signe vivant du Christ en un siècle d'impiété, et de se sacrifier comme lui pour le salut
de tous.

Vêtu de la robe blanche et du manteau noir,

la figure barbue et pâle, ses yeux sous l'aile de
son chapeau noir brillaient comme d'une lueur
atténuée par les larmes. Il ne vivait que pour ses
zouaves, allait toujours à pied, afin d'être plus
facilement accessible. Appuyé sur une grande
canne, il s'intercalait dans le rang, s'efforçant
d'aviver les courages, de réveiller l'allégresse
dans les cœurs, il provoquait les rires, répétait
d'anciennes plaisanteries qu'il lui fallait chercher très-loin dans sa mémoire, jusqu'au temps
de son séjour à l'École normale, et les distrac-
tions de M. Ampère, et les farces qu'inventait
About, enfin, il allait jusqu'à fabriquer des
calembours (1). Ou bien, il s'isolait avec l'un
d'eux, l'écoutait, l'interrogeait, la main posée
sur son épaule. Quelle que fût la confidence,
souci, regret ou remords, elle tombait avec un
écho dans ce cœur profond, méritant pleine-
ment le nom de « Père » dont ces soldats l'ho-

(1) Comme celui-ci, dont quelques-uns se souviennent. On avait
donné à un détachement de zouaves, ainsi qu'on fit trop souvent, hélas, ce qu'il y avait de moins habitable dans une ferme
pour y passer la nuit : une grange abandonnée, aux murs percés
de cinq grands trous par lesquels sifflait la bise. L'aumônier les
accompagnait. « Nous n'aurons pas trop chaud ici, exclament-ils.
— Comment, vous osez vous plaindre, quand nous trouvons
encore cinq couvertures (cinq ouvertures) ! » Et tous de rire, et
de s'allonger, en prenant patience.

noraient. Il recevait d'eux de précieux dépôts : lettres, testaments, menus souvenirs qu'ils destinaient à des parents âgés, à de jeunes femmes, à des fiancées, à des sœurs. Ce bagage était rangé dans sa valise, les adresses mises, toutes choses prêtes enfin pour que les objets pussent, sans retard, trouver leur but, en cas de bataille ou de mort. (*L'Avant-Garde.*)

Rien ne peut rendre sa tendresse et sa sollicitude pour les blessés. Au soir de chaque rencontre, il les rassemblait autour de lui, les soutenait, mesurant son pas sur le leur, les conduisait à l'ambulance et ne rejoignait le régiment qu'après s'être assuré qu'ils avaient le nécessaire. On racontait au bivouac, que le P. Doussot, après une chaude affaire, ramenait au campement quelques éclopés, lorsque l'un d'eux, mourant de soif, par l'ardeur du combat et la perte de son sang, s'en plaignit au Père. « Mon ami, avait répondu celui-ci, prions la Sainte Vierge, elle viendra à notre aide. » Ils traversaient la forêt d'Orléans ; or, à peine eurent-ils terminé un « Je vous salue, Marie », qu'ils entendirent un léger murmure indiquant une source d'eau limpide qui coulait dans les taillis. Le zouave se désaltéra et retrouva la force de continuer sa route. Les gens du pays déclarèrent n'avoir jamais vu d'eau en cet endroit. Quoi d'étonnant que la Vierge sainte se soit plu à récompenser ainsi l'ardente foi et la tendre charité de son serviteur?

Cependant revenons à Patay, où nous avons laissé au matin du 2 décembre 1870 le 17e corps, le colonel de Charette et ses Volontaires. Vers deux heures de l'après-midi, le général Chanzy, commandant en chef, demande au général de Sonis de le remplacer. Celui-ci comprit qu'il était sacrifié pour assurer la retraite de l'armée. Il devait se rendre maître de Loigny pour secourir deux bataillons du 37e de ligne qui s'y défendaient héroïquement contre les masses prussiennes. A ce moment, Sonis est averti que deux de ses régiments de marche reculent, frappés de peur. Tous ses efforts pour les faire avancer sont inutiles. Alors il se précipite vers les deux bataillons de zouaves placés en réserve, leur dit que des lâches vont tout perdre, qu'il faut les ramener au feu : « En avant, suivez-moi, montrons-leur ce que valent des hommes de cœur et des chrétiens! » Tous s'offrent à lui avec transport : il en prend trois cents. Le jour tombait, agir vite était nécessaire. Il dit à Charette : « Voici le moment de déployer la bannière du Sacré-Cœur. » Les zouaves avancent et passent devant les régiments de marche. L'un d'eux, entraîné par leur vaillance, les suit un moment. Ils allaient toujours, sous un feu plongeant qui n'arrête pas leur élan. Leur aumônier marche avec eux.

On peut voir dans le célèbre fusain de Lionel Royer, le P. Doussot, au plus fort de l'action, penché sur un mourant. Il y avait, toutefois, une scène aussi vraie, mais plus grandiose, qui eût dû, ce nous semble, tenter le pinceau d'un peintre : lorsque, les clairons sonnant la charge de leurs notes enragées, de Sonis, entre Charette et de Troussures, lève son képi pour saluer une première et dernière fois l'étendard du Sacré-Cœur que tient haut de Verthamon, et pousse le cri de : « Vive la France! Vive Pie IX! » que tous, enthousiasmés, répètent, et, pendant que les zouaves se précipitent à la baïonnette, le P. Doussot courant sur le flanc du bataillon en brandissant le cru-

Lionel Royer.

LES ZOUAVES PONTIFICAUX A PATAY
2 décembre 1870.

cifix béni par Pie IX, absolvant et donnant à ceux qui vont mourir la certitude du ciel!

De Sonis tombe la cuisse fracassée d'un coup de fusil, de Charette a le bras cruellement brisé par une balle, le commandant de Troussures est blessé à mort. Des trois cents zouaves, cent quatre-vingt-dix-huit succombent, avec dix des quatorze officiers qui les commandaient.

Le P. Doussot prononce, avec un signe de croix, sur chaque homme qui s'affaisse, le : « Te absolvo ab omnibus censuris et peccatis; » puis, agile au milieu du feu comme une salamandre, traverse la pluie de projectiles et rejoint avec célérité les zouaves survivants qui continuent de charger.

Cette troupe héroïque emporte, en courant, la ferme de Villours, arrive au pied du petit bois de lilas et d'acacias, appelé le Bois-Bourgeon, s'y enfonce, baïonnette en avant, et en chasse les Prussiens. La mitraille continue à cribler leurs rangs, qui s'éclaircissent à chaque pas. Le Père est toujours là. Ils avancent au cri de : « En avant! En avant! » Enfin ils atteignent Loigny, dont ils prennent d'assaut les premières maisons et le drapeau du Sacré-Cœur flotte dans les rues. Ils allaient devenir maîtres de la position et rejoindre le 37ᵉ, lequel, commandé par MM. Varlet et de Fauchier, s'y défendait toujours, préférant mourir plutôt que de se rendre, quand l'ennemi s'apercevant de leur petit nombre, redouble de rage contre le village. Les obus pleuvent, les maisons prennent feu, l'incendie se propage ; les braves qui n'ont pas reculé devant les boulets sont obligés de s'arrêter devant les flammes. Les derniers débris du bataillon battent en retraite, sans être poursuivis, grâce à l'admirable résistance du 37ᵉ qui épuisait jusqu'aux munitions de ses blessés. Ils s'emparent d'un petit tombereau dans lequel le P. Doussot fait porter autant de blessés qu'il en peut contenir : il s'y attelle tour à tour avec des zouaves ; d'autres poussent derrière. On regagne ainsi Patay, après des efforts surhumains.

« Je rencontrai alors, rapporte le P. Doussot, le zouave Le Parmentier, qui, quoique blessé au poignet, avait sauvé le drapeau et venait de le remettre au major Landeau. Je pris aussitôt des mains de celui-ci cette glorieuse relique,

ne voulant laisser à aucun autre le soin de le
mettre en sûreté. Des mains du sergent de
Verthamon, blessé mortellement, l'étendard
avait passé dans celles de M. de Bouillé père,
puis de M. de Bouillé fils, frappés bientôt à mort
eux aussi. C'était enfin le jeune Le Parmentier
qui avait eu l'honneur de disputer et d'enlever
à l'ennemi le précieux drapeau rougi du sang
de ses frères d'armes. L'enveloppant avec soin
dans un mouchoir, je le plaçai sous ma robe,
sur ma poitrine, et j'adorai en silence les
divines dispositions de la Providence. L'effusion de tant de sang et d'un sang si pur et si
généreux me semblait un gage de miséricorde
prochaine pour la France. Tout paraissait
perdu pour les amis du Sauveur, lorsque le
Cœur de Jésus fut percé d'un coup de lance
sur la croix, tandis qu'en réalité les flots du
sang divin, s'échappant de cette bienheureuse
blessure, allaient purifier et régénérer le
monde. Ce fut dans de semblables pensées,
mêlées de prières pour nos chers morts et
blessés, que je m'entretins intérieurement pendant les deux longues heures que je mis à ramener du champ de bataille, à Patay, la petite

troupe de blessés qui s'était ralliée autour de moi. »

Il écrit à sa sœur, le 5 décembre, trois jours après Loigny : « J'eus la consolation, en parcourant la ligne de bataille, avant le combat, de m'assurer que tous nos zouaves étaient en bon état et prêts à paraître devant Dieu. »

Le 21 décembre, le 1ᵉʳ bataillon de zouaves, complété et réorganisé en moins de quinze jours, quitte Poitiers pour retourner à l'ennemi. M. de Charette venait d'être promu général. Le P. Doussot rentre en campagne. Il assiste, le 10 janvier 1871, à la bataille d'Ivré-l'Évêque, auprès du Mans. Là on le vit debout, sur le haut d'un tertre, au milieu de la fusillade, son habit blanc et noir servant de cible à l'ennemi, donner durant plus d'une heure l'absolution aux troupes qui passaient; et, s'il ne participe pas le 11 à l'attaque du plateau d'Auvours, où fut tué son remplaçant, l'abbé Legal, c'est qu'il avait été fait prisonnier la veille, malgré son froc et son brassard. Les Prussiens, d'ailleurs, ne le gardèrent pas longtemps; car, sorti de la prison de Vendôme, où on l'avait conduit, il rejoint ses zouaves, le 23 janvier. (*L'Avant-*

Garde, nº 320. — Mgr BAUNARD, *le Général de Sonis*.)

Il écrit à sa sœur que Le Mans n'est qu'une vaste ambulance où nos soldats, épuisés par cette campagne d'hiver, meurent en plus grand nombre, de la petite vérole, de la scarlatine et du typhus, que de la main des Prussiens : il est du matin au soir au milieu des malades.

L'armistice ayant été signé le 28 janvier 1871, le Père suivit les Zouaves pontificaux à Rennes où il retrouva sa sœur qui, avec sa communauté, avait dû fuir l'invasion allemande. Elle s'empressa de lui faire une nouvelle robe blanche, car la sienne était toute noire de boue et de sang. Le 28 mai, il assistait dans la chapelle du grand Séminaire, à cette magnifique consécration de leur régiment au Sacré-Cœur de Jésus, rédigée par le général de Sonis et prononcée à l'ombre des plis sacrés du drapeau de Loigny, qu'il avait sauvé et rapporté teint du sang des plus vaillants. Le 15 août suivant, lors du licenciement des Volontaires de l'Ouest, il se sépare, en des adieux touchants, de ces grands chrétiens autant que Français valeureux qu'il avait tant aimés et si bien servis. On le retrouve encore avec eux de loin en loin : à la Basse-Motte, en 1885, où il se rencontre avec Mgr Sacré, l'aumônier de Castelfidardo ; dans la crypte de Montmartre, en 1889, lorsque l'acte de consécration fut renouvelé devant l'étendard du Sacré-Cœur que ses mains arboraient devant ses fidèles zouaves.

On pressait Charette de le proposer pour la croix de la Légion d'honneur. Le général répondit : « La croix pour le P. Doussot ? Il n'en veut point d'autre que celle du Calvaire : elle seule est digne de lui ! » — Il est vrai ; mais on peut affirmer que jamais ce signe de l'honneur n'aurait brillé sur la poitrine d'un plus brave !

Longtemps après ces douloureux événements, d'affreux cauchemars poursuivaient le Père durant la nuit : il se revoyait au milieu des zouaves qui combattaient, des blessés qui tombaient ; il entendait encore ces cris déchirants, s'élevant, la nuit, des champs ensanglantés, pour demander secours.

La paix conclue, cet aumônier militaire fut nommé maître des novices au noviciat de Mazères, près Pamiers, dans la province dominicaine de Toulouse, pour laquelle il avait opté.

Mais les temps étaient changés; il ne lui était plus permis de conduire les jeunes Frères selon la stricte observance qui avait régné à Sainte-Sabine; une lutte dont Dieu seul connut la torture se livrait en sa conscience; sa droiture se refusait à demeurer dans cette charge. On l'envoya au couvent de Marseille, puis à la Sainte-Baume; mais après cette période de vie des camps, son âme avait plus que jamais soif de repos, de solitude, d'intime union avec Jésus-Christ; il reprit son ancien projet d'entrer à la grande Chartreuse et le réalisa, le 2 avril 1875.

Il en avait écrit à sa sœur, alors prieure du Carmel de Meaux; elle lui fit cette réponse d'une bien délicate sagesse : « ... Permets-moi un humble conseil de sœur et d'amie en Jésus, à cette heure solennelle du sacrifice : défie-toi de la part que ta nature ardente prend quelquefois dans l'accomplissement ou l'interprétation des grâces et des volontés de Dieu sur toi ; je crois que cette part de nature dans tes œuvres leur ôte de l'onction, de la paix, de la discrétion et de la fécondité qu'elles auraient. Il y a là quelque chose qui se soustrait à l'influence directe du Saint-Esprit et qui peut t'entraîner

à un extrême quelconque. Je ne dis pas cela
pour la décision que tu viens de prendre; car
j'ai la ferme confiance que tu n'as rien négligé
pour qu'elle soit l'expression directe de la volonté divine... »

Le P. Doussot prononça les vœux simples en
1876. Mais lorsque, trois ans après, les chartreux le virent anéanti par leur régime que son
estomac se refusait à supporter, ils jugèrent ne
pas pouvoir l'admettre à la profession solennelle. Il vint se refaire auprès de sa sœur, devenue fondatrice et prieure du Carmel de Fontainebleau.

Une transformation s'était opérée en lui :
« l'acier s'adoucit, en se trempant », a dit Lacordaire. Toute dureté de volonté, toute âpreté
de zèle, avaient disparu en lui, pour faire place
à une fermeté tempérée de douceur et comme
imprégnée d'une immense bonté. L'âme avait
grandi en charité, en abandon, en union à
Dieu. On avait, en lui parlant, une étonnante
impression qu'on traitait avec un être surnaturel, avec un saint. Lorsqu'il était en oraison,
à genoux, sans appui, immobile comme un
marbre, personne n'osait interrompre son en-

tretien avec Dieu. Il aimait jadis à provoquer ses novices à la dévotion au saint Rosaire en consacrant chaque heure du jour à honorer un des quinze mystères : il y fut fidèle jusqu'à la fin. « Il ne faut point laisser de vides dans notre vie, disait-il ; la prière doit les remplir tous. » Invité par Mgr de Cabrières aux noces d'argent de son épiscopat, le Père trouva, à son retour, que ces fêtes lui avaient donné beaucoup de temps pour faire oraison. Qui se sera douté, dans cette société d'hommes éminents, que ce religieux, dont le savoir-vivre parfait n'oubliait ni un détail des convenances, ni une des minuties de l'étiquette, n'avait point interrompu son intime entretien avec Dieu? C'est que, tout entier au moment présent et toujours sous le regard divin, il accomplissait chacune de ses actions, même la moindre, avec le soin attentif que mettrait un joaillier à ciseler et à déposer dans son écrin une perle de grand prix. Aussi ne se pressait-il jamais : « L'empressement gâte tout ce qu'il fait », disait-il.

Mais un admirable dessein de la Providence provoqua en sa vie une nouvelle et féconde efflorescence en l'orientant vers l'œuvre du

Rosaire, à Prouille, et vers la direction spirituelle des âmes consacrées à Dieu dans le cloître.

Le P. Cormier, provincial de Toulouse, vint prêcher à Fontainebleau une retraite aux carmélites. Il vit le P. Doussot, admira cette maturité de vertu qu'avait opérée la grâce et voulut l'utiliser. Neuf sœurs entreprenaient, le 29 avril 1880, de rétablir le monastère de Prouille, détruit par la grande Révolution : il les lui confia. Le P. Doussot et elles, résolurent aussitôt de renouveler en ce lieu béni la primitive ferveur que saint Dominique y avait inspirée jadis à ses enfants. Le Père, avant toutes choses, donna l'exemple, observant avec sa générosité habituelle les moindres préceptes de la Règle. Chaque jour, il chantait la messe conventuelle. Tel était son amour pour la sainte liturgie qu'il ne consentit jamais, quelle que fût sa fatigue, à diminuer la solennité des offices, notamment durant la semaine sainte. Il jeûnait toujours au pain et à l'eau le vendredi saint.

Les fidèles accouraient en foule sur cette terre honorée des visites de la Reine des anges.

LA BASILIQUE DE L'AVE MARIA, À PROUILLE

La chapelle provisoire ne suffisait plus à les contenir. Le Père, qu'une intime amitié liait à Mgr Billard, évêque de Carcassonne, conçut avec lui le projet de bâtir la basilique de l'Ave Maria, témoignage magnifique de leur foi qu'aucune difficulté n'arrêtait, parce qu'ils croyaient n'avoir jamais assez fait pour Marie et son Rosaire. Le P. Doussot s'employa jusqu'à sa mort, avec le plus grand zèle, à propager l'Archiconfrérie de la bonne première communion installée dans le sanctuaire de Prouille par Mgr Billard. *(Annales de l'Archiconfrérie, 1906.)*

Il faudrait consacrer de longues pages à décrire son apostolat auprès des religieuses, lequel absorba une grande partie de ses vingt-trois dernières années ; nous ne pouvons qu'en indiquer brièvement les traits les plus caractéristiques. Sa direction, douce et ferme, poursuivait les âmes jusqu'à ce qu'elles eussent compris la nécessité *sine qua non* de mettre l'humilité à la base de leur vie spirituelle. Il voulait que chaque Congrégation cultivât l'esprit qui lui était propre et parlait à chacune son langage : n'entretenant les carmélites, par exemple, que de sainte Thérèse et de saint Jean de la Croix. Il avait peine à souffrir les esprits rêveurs; ou ceux qui aiment à demeurer dans le vague, qu'il appelait la paresse spirituelle; et combattait avec énergie le découragement : cette grande plaie du siècle présent, disait-il. Sa voie particulière, pour lui-même, était de faire toujours ce qu'il verrait être le bon plaisir de Dieu; dès son noviciat, il en avait fait le vœu, consigné en un écrit que l'on retrouva sur son cœur après sa mort et, volontiers, il inspirait cette voie aux âmes.

Nous voyons que « le P. Doussot s'arracha, en 1895, à sa solitude pour venir prendre part aux fêtes du *Centenaire* de l'École normale supérieure. Dans la cérémonie religieuse célébrée à Saint-Jacques du Haut-Pas, il assista à l'autel Mgr Perraud; sa robe blanche se montra dans *les cloîtres* de la rue d'Ulm à côté de la robe violette de l'évêque d'Autun ». (Mgr A. Baudrillart.)

En 1896, sa sœur, la Mère Élisabeth, mourut à Fontainebleau : elle avait été unie à Jésus, ici-bas, par la croix; elle allait jouir de lui, au ciel, dans la gloire!

Son frère devait, fidèle disciple du Sauveur, faire après le divin Maître l'âpre ascension du Calvaire.

L'année 1901 était survenue avec ses lois iniques d'expulsion et de spoliation. Le Père alla conduire en Suisse, sur les chemins de l'exil, le Carmel de Fontainebleau auquel il se dévouait davantage depuis la mort de sa sœur bien-aimée.

Demeuré seul auprès des dominicaines de Prouille, lorsqu'on eut dispersé ses coadjuteurs, ce vieillard de soixante-treize ans n'en fut pas moins frappé par un décret spécial de Combes et contraint par la force armée, le 10 mai 1903, de disparaître sans délai.

Il s'expatria, lui aussi, et se retira auprès de ses carmélites de Fontainebleau, que la Suisse inhospitalière venait de chasser en Belgique. Elles avaient pris gîte à Vichenet, dans une demeure d'emprunt, avant de s'établir à Corioule-Assesse, près Namur, où elles sont présentement. Il leur donna abondamment les consolations de la parole sainte, jointes aux lumières de sa direction si surnaturelle : cela tempérait pour lui l'amertume de la séparation d'avec sa chère communauté de Prouille.

Sa tâche était achevée : le Père céleste voulait ouvrir les portes de la vraie patrie à son bon et fidèle serviteur.

« Terrassé par une pneumonie et une affection au cœur, il fut doux envers la croix comme il l'avait toujours été envers les hommes. Angoissé comme on l'est dans cette maladie, quand il semble qu'on meurt vingt fois par jour, il n'eut toujours que le sourire aux lèvres en reprenant le souffle, et qu'un regard : celui qui fixait tout son être en Jésus-Christ. » (P. Raynal.)

Deux Pères et un Frère carmes déchaussés ne cessaient de lui prodiguer les soins les plus dévoués, aidés du Frère Jacques, convers, son compagnon de Prouille, qui était accouru pour l'assister.

Le médecin, homme de vive foi, l'avertit que la fin approchait. Aussitôt, le P. Doussot fit appeler le Père carme déchaux, aumônier du Carmel, et lui dit :

— Le docteur m'a prévenu, je dois me préparer à paraître devant Dieu : allez donc en donner avis aux carmélites afin qu'elles se mettent en prière et veuillez m'administrer les derniers sacrements.

Le Père, très-ému, sortit pour faire ce qu'il demandait.

Cependant, le P. Doussot, toujours égal à lui-même, se leva, fit apporter de l'eau chaude, se lava les pieds, se rasa, puis s'assit dans son fauteuil, tranquille devant la mort qu'il avait tant de fois bravée sur les champs de bataille.

Il se confessa, reçut avidement le viatique, répondit avec grande piété au prêtre en offrant chacun de ses sens aux saintes onctions; mais, quand tout fut achevé, les battements de cœur se faisant très-violents, il se remit au lit.

Son ancien novice de Sainte-Sabine et véritable ami, le P. Iweins, arriva pour le voir. En l'apercevant, le P. Doussot se souleva sur sa couche en s'écriant, les bras tendus vers lui : « *Lætatus sum in his quæ dicta sunt mihi : in domum Domini ibimus. Stantes erant pedes nostri, in atriis tuis Jerusalem!* J'ai eu le cœur rempli de joie quand on m'a dit : allons à la maison de Jéhovah. Nous voilà debout à tes portes, Jérusalem », patrie céleste!

Il eut encore la force d'envoyer à ses Filles

cette parole : « Ô qu'il fait bon mourir dans l'amour de notre Dieu et dans l'abandon à sa sainte volonté! »

Le P. Doussot exhala le dernier soupir à Vichenet, le 15 mars 1904, auprès des carmélites, qui lui rappelaient leur incomparable Mère, la sœur chérie, que Dieu lui avait associée sur la terre et qu'il allait rejoindre au ciel!

Les Pères dominicains de Louvain rendirent à la dépouille mortelle de leur illustre confrère de dignes hommages. Ils transportèrent ses restes précieux dans leur cimetière.

Le général de Charette adressa à ses Zouaves un émouvant ordre du jour; il y disait : « Je perds en lui un ami très-cher; et le régiment, une de ses gloires les plus pures! »

Les carmélites de Fontainebleau, qui ont reçu sa dernière bénédiction, unies à toutes les âmes qui l'ont aimé, ont confiance en cette consolante promesse que le Père, s'emparant d'une parole de saint Dominique à ses fils, voulut leur faire en mourant : « Je vous serai plus utile encore là-haut que je ne le fus ici-bas! »

On ne peut retenir un sentiment de haute

admiration, mêlé d'une vénération profonde, en présence de cette vie qui ne se démentit jamais ni ne s'arrêta dans son ascension vers le ciel, depuis l'enfance jusqu'au dernier soupir! Le P. Doussot ne chercha que Dieu seul et sa gloire; se dévoua tout entier aux plus nobles causes, à la Papauté, à l'Église, à son Ordre, à sa Patrie; ne reculant devant aucun sacrifice; magnanime dans toutes les vertus, surtout en humilité, et se donnant sans compter aux âmes : certes, on ne saurait trop honorer un tel homme de bien, un si grand Français, un si parfait religieux, dont les actes héroïques ajoutent un nouveau lustre aux fastes déjà si beaux de la glorieuse postérité de saint Dominique!

CHAPITRE II

Saint Thomas d'Aquin dans son traité : *De l'amour de Dieu et du prochain*, dit ce mot sublime : « Dieu s'est fait homme, de peur que l'homme ne lui fût préféré. » La sainte Humanité vient nous provoquer à l'amour de la Divinité. Mais comment? Par la charité du Christ qui nous presse, par sa Passion qui entraîne nos cœurs. « *Ordinavit in me caritatem* », dit l'Épouse au Cantique des Cantiques, « Il a levé contre moi l'étendard de l'amour », suivant le sens du texte original. Défi divin jeté à toute âme généreuse. Le signal du combat est dressé : qui l'emportera dans cette lutte? Dieu ou la créature? Jésus s'élance, il court à pas de géant dans la voie royale de la croix; il ira toujours plus avant dans la souffrance et la soif des opprobres et ne s'arrêtera pas jusqu'au sommet du Calvaire. L'âme aimante se précipite, elle aussi, dans l'arène, pour conquérir sa part de douleurs et d'abjections; elle s'anime à suivre Jésus, ne veut point être vaincue en générosité et redouble d'héroïques efforts; elle fait, comme le saint Rédempteur, une hostie sanglante de son corps; et de son âme, un abîme d'amour des mépris. Tout ce qu'elle a, elle le donne; mais se sentant bornée par sa nature, elle vole à tire-d'aile vers Dieu par des désirs d'aimer, de souffrir, d'être humiliée, immenses comme l'infini.

C'est le spectacle admirable que va nous offrir la grande âme dont nous voulons achever rapidement l'histoire, après avoir raconté sa brillante jeunesse.

Noémi entra au séminaire des Sœurs de Saint-Vincent de Paul, rue du Bac, après un postulat de trois mois à Enghien. Dès le début, le confesseur de la communauté, la Sœur directrice et la Mère Générale reconnurent que, si elle avait de grandes aptitudes pour la vie active, son âme était attirée à la contemplation comme par une force irrésistible.

LA MÈRE ÉLISABETH DE LA CROIX, CARMÉLITE DÉCHAUSSÉE

Le Supérieur général, M. Étienne, qui pressentait en elle un sujet d'avenir, résolut de tout tenter pour la retenir et de n'autoriser son départ qu'après lui avoir fait essayer tous les genres d'œuvres auxquels vaquent les Filles de la Charité. Il s'attribua la direction de sa conscience et lui imposa un vœu spécial d'obéissance.

Noémi est placée d'abord rue de l'Épée-de-bois, chez la vénérée Sœur Rosalie, où elle se donne généreusement aux pauvres; mais peu après, ayant parlé à M. Étienne de son attrait persistant pour le Carmel, il l'appela sans tarder au secrétariat de la maison mère, pensant que cette vie de silence, de travail et de prière, lui suffirait peut-être; mais la satisfaction qu'elle en ressentit ne fit que la confirmer dans ses désirs du cloître.

M. Étienne le comprit : aussitôt il la chargea de l'économat de l'hôpital militaire du Val-de-Grâce. C'était une occupation accablante, car elle devait pourvoir du nécessaire plus de quinze cents personnes, malades et gens de service; mais son vaste esprit portait allégrement ce fardeau. Toutefois, rien ne pouvait faire diversion à l'appel divin.

Ce que voyant, M. Étienne l'appliqua à l'enseignement dans l'école de filles de la rue du Grand-Saint-Michel, sur la paroisse Saint-Laurent, où elle fut chargée de la seconde classe. Elle y prit le nom de sœur Élisabeth, en souvenir de sa mère, Élisa. Elle se confessait à son pasteur, ainsi que font les Sœurs de la Charité; cependant, pour tout ce qui était conseils et touchait à la direction de l'âme, elle devait aller auprès de son Supérieur général. Mais les contradictions qu'elle souffrait et ses luttes intérieures ruinaient son tempérament; des scrupules étaient venus s'y joindre qui rendaient le recours au directeur incessant; les courses du faubourg Saint-Martin à la rue du Bac étaient longues et fatigantes; les occupations de l'école s'y opposaient souvent; dans cet état de choses, elle demanda et obtint de M. Étienne la permission d'ouvrir entièrement son âme au curé de la paroisse, qui était alors M. Duquesnay.

Ceux qui ont eu le bonheur de le connaître se souviennent encore de cette grande figure de prêtre parfait. Le livre qu'il a écrit sur *la Charge pastorale* le peint tout entier, car il ac-

complissait à la lettre tout ce qu'il y enseigne.
Venu du grand Séminaire d'Amiens, l'archevêque de Paris l'avait attaché au clergé de la
Madeleine où il avait donné sa mesure dès son
arrivée. Car il advint qu'un jour de solennité,
le prédicateur extraordinaire, empêché, se fit
excuser au dernier moment. L'église était remplie ; l'orateur, impatiemment désiré : que faire ?
Le Curé s'adresse à son nouveau vicaire :

— L'abbé, montez en chaire et prêchez.

— Mais, monsieur le Curé, je n'ai rien préparé !

— Il faut vous dévouer ; Dieu vous aidera :
en avant !

Le jeune vicaire fait trois tours dans la
sacristie, réunit quelques idées, puis dit au
suisse qui se tenait droit comme à la parade :
« Mon ami, allons ! » Celui-ci redresse sur son
épaule sa grande hallebarde, fait retentir sa
canne sonore et s'avance fièrement ; l'abbé le
suit, pensif, traverse le sanctuaire, passe au
milieu des fidèles et monte en chaire. Les
dames se disaient l'une à l'autre : « Il vient
faire une annonce, en attendant le Père ! »
Mais quand on le vit faire le signe de la croix

et poser son texte, ce fut un émoi général; tous les assistants se lèvent à la fois, se précipitent vers la porte, se poussant pour s'échapper. Alors l'abbé Duquesnay, dominant le bruit avec sa belle voix de basse-taille, se mit à dire en scandant les mots : « Surtout, mes Frères, ne vous pressez pas! ne vous pressez pas! J'attendrai, pour commencer, que tout le monde soit sorti! » — « Tiens, se dirent les paroissiens de la Madeleine, nous avons un vicaire qui est homme d'esprit! » et le plus grand nombre reprirent leurs places.

Intelligent, plein de cœur, orateur de talent, aimant ardemment les âmes, M. Duquesnay, nommé curé de Saint-Laurent, avait transformé sa paroisse, si bien qu'après soixante ans, elle vit encore de l'impulsion reçue alors. Il eut vite distingué le mérite de cette jeune Sœur, si habile à préparer les petites filles au catéchisme, à la confession et à la première communion; mais lorsqu'il la connut mieux, il s'attacha profondément à cette âme si pure et reconnut de suite que sa vraie voie était le Carmel : de ce temps date la direction et l'assistance paternelle qu'il lui continua tant qu'il vécut. Nous avons vu que la situation n'était pas sans présenter de grandes difficultés : il y fallut son tact et son habileté pour les résoudre.

Sœur Élisabeth subissait parfois d'étranges orages de conscience que le confesseur seul pouvait calmer. Un dimanche, veille de grande fête, aux Vêpres, n'y tenant plus et craignant de perdre la communion du lendemain, elle fait demander à M. le Curé de l'entendre en confession. Il allait monter en chaire et renvoya la chose après le sermon. Les Filles de la Charité étaient placées dans la nef, au milieu des fidèles, avec leurs plus grandes enfants. La prédication finie, le Curé descend, dit un mot rapide au suisse, qui vient se planter en face des Sœurs, frappe les dalles d'un coup de sa canne à pommeau et dit de sa plus belle voix : « La Sœur qui désire voir M. le Curé pour se confesser ! » Toute l'assistance, étonnée, se soulevait sur les chaises pour regarder. Sœur Élisabeth, le rouge au front, confuse, se cachait la tête dans ses mains et ne bougeait pas. Une seconde fois, la canne du suisse fait résonner le sol, et lui, répète : « La Sœur qui veut se confesser, M. le Curé l'attend ! » La Supérieure s'approche de Sœur Élisabeth pour lui faire signe de partir. La voilà, objet de la curiosité générale, qui marche derrière le suisse, faisant toujours vibrer sa grande canne, jusqu'au confessionnal, où, frappant un dernier coup sec, il salue de la tête, selon le cérémonial, pirouette sur ses talons et se retire. La Sœur était si émue qu'elle ne put articuler une parole : le bon M. Duquesnay, couvert de sueur, harassé de fatigue après un discours prononcé avec toute son âme, en fut pour sa bonne volonté.

Cependant, la veille de la retraite de première communion, Sœur Élisabeth tombe malade d'une bronchite aiguë. Désolation du Curé : elle seule tient en mains ces cent vingt petites enfants du faubourg qui allaient s'approcher pour la première fois de la sainte table; seule, elle sait les prendre et les mouvoir à la contrition de leurs péchés; elle absente, la retraite est manquée et la cérémonie finale en grande partie compromise. Perplexe, il vient la voir. Il constate la défense portée par le médecin de la laisser sortir et de parler aux élèves. Voyant son chagrin, Sœur Élisabeth lui dit tout bas :

— Monsieur le Curé, permettez-moi de faire, tous les jours de la retraite, telle et telle pénitence sanglante et je serai debout.

Lui, stupéfait, la regarde :

— Est-ce que vous devenez folle, mon enfant ?

— Non, monsieur le Curé, essayez et vous verrez.

— Me promettez-vous d'être guérie, si je vous laisse faire ?

— Guérie, non; sur pied, oui! répond-elle d'un ton ferme.

— Faites alors! murmura-t-il, faisant un geste désespéré, comme on joue un va-tout.

Le lendemain, la Sœur assistait radieuse à la retraite; elle continua ainsi la huitaine, parlant du matin au soir pour préparer les enfants, et, le jour de la première communion, sa guérison fut complète.

Dieu soustrait les âmes de grande foi aux lois ordinaires de la nature : ce qui accablerait les autres, les soulage et les vivifie!

Le martyre intime de Sœur Élisabeth durait depuis trois ans, lorsque à la fin de l'année

scolaire 1856, elle fut prise de violents crache-
ments de sang. Les médecins ordonnèrent un
séjour dans le Midi ; elle fut alors dirigée sur la
maison de Pau, puis envoyée aux Eaux-Bon-
nes ; mais son état maladif restait stationnaire.

Elle avait rencontré aux eaux un prêtre très-
distingué, l'abbé Gramidon, de la communauté
de Saint-Sulpice, et Mgr Plantier, évêque de
Nîmes : tous deux avaient reconnu en elle une
vocation carmélitique certaine.

Cependant M. Doussot, qui avait abandonné
Épernay pour se fixer à Paris auprès de Noémi,
apprenant l'insuccès de sa cure aux Eaux-
Bonnes, obtint de M. Étienne une concession
inouïe parmi les Sœurs de la Charité : il vint
prendre sa fille, la promena à petites journées
dans les plus beaux séjours des Pyrénées, lui
mesurant la fatigue, la distrayant ; enfin il fit si
bien, qu'il arracha son enfant bien-aimée à la
mort.

Dès son retour à Paris, Sœur Élisabeth,
forte de l'approbation de Mgr Plantier, de
l'abbé Gramidon et de M. Duquesnay, tenta
une nouvelle démarche auprès de M. Étienne :
celui-ci remit la décision au lendemain. Alors,

l'appelant au confessionnal, il lui dit, sans préambule : « Eh bien, ma Sœur, puisque vous vous croyez appelée au Carmel, allez-y, je ne m'y oppose plus ! » Puis, fermant brusquement le guichet, il s'éloigna. Interdite, Sœur Élisabeth va trouver la Mère Générale, qui lui apprend que cette décision a été prise la veille au conseil.

En conséquence, le 18 novembre 1856, Noémi quittait le costume de Sœur de Saint-Vincent de Paul et rentrait chez son père, rue Bourdaloue, 9, à Paris.

Nouveaux assauts à soutenir. M. Doussot était au comble de la joie et prétendait garder sa fille. « La condition que tu m'avais posée pour rester auprès de moi, lui disait-il, est accomplie : je ne fréquente plus le monde ; ainsi tu n'as plus de raisons pour te séparer de ton père ! » L'argument était prégnant. Il alla solliciter l'appui de l'archevêché. L'abbé Bautain fut chargé d'examiner le cas ; mais trouvant réponse à toutes ses objections, il conclut à la réalité de l'appel à la vie contemplative.

Le P. Pététot, consulté, abonda cette fois dans le même sens.

Enfin, M. Duquesnay, voulant couper court à toutes ces difficultés, trancha la question : le Carmel d'Amiens était connu de lui, il sollicita la réception de sa fille spirituelle et l'y fit entrer le 31 janvier 1857.

Ainsi tous les événements de cette vie concouraient au même but et le dessein éternel de la Providence nous est manifesté !

Noémi se délectait dans sa vocation, lorsque de nouvelles tribulations l'assaillirent.

M. Doussot se lamentait d'être délaissé par ses deux enfants. Quand des amis venaient le voir, il leur montrait sa chatte, disant d'un ton mélancolique : « Voilà tout ce que les prêtres m'ont laissé ! » Il avait reconnu qu'un seul recours lui restait, qui était de faire trancher la question en sa faveur par des théologiens : aussi agit-il auprès d'eux. Il paraissait, en effet, convenable, que son fils ou sa fille demeurât près de lui. Le premier était religieux et prêtre, on ne pouvait plus l'y astreindre ; mais la seconde, n'étant pas engagée encore, devait se sacrifier : ainsi prononcèrent, à la grande joie de M. Doussot, le supérieur du Carmel d'Amiens et le confesseur, M. Crampon.

Péril pressant! Noémi recourut au Curé de Saint-Laurent qui s'opposa énergiquement à une telle décision et la confirma dans sa vocation. Elle prit l'habit le 8 juillet, sous le nom de Sœur Marie-Élisabeth de la Croix. Pas un parent ni un ami n'assistait à la cérémonie. M. Doussot s'était abstenu. Mais Notre-Seigneur combla cette âme fidèle de délices spirituelles. Notons ce fait singulier. Pendant qu'elle était prosternée sur le tapis, toute à l'action de grâces, priant toutefois Jésus de consoler son père, elle entendit cette parole : « Il fondera un Carmel à Meaux; tu en seras : telle est ma volonté. » Étonnée, elle s'en ouvrit à sa Prieure, qui en rit de bon cœur et l'attribua au diable : cependant, trois ans étaient à peine écoulés que la prédiction s'accomplissait!

Peu après, le 15 août, Sœur Élisabeth faisait, « *par le conseil* et *avec l'autorisation du confesseur*, le vœu de faire toujours et en tout ce qu'elle croirait le plus parfait, sous peine de péché véniel ». N'était-ce pas aller bien vite en besogne que de pousser une novice de cinq semaines à prendre un engagement qui exige,

en quelque sorte, l'héroïsme à jet continu?
Vœu qui a troublé sainte Thérèse elle-même,
car elle dut le faire expliquer et restreindre
quelques années après l'avoir émis. En outre,
est-il prudent de le prononcer sans qu'il ait été
précédé de longs essais?

Un mois ne s'était pas écoulé que les cra-
chements de sang reparurent. Le médecin les
attribua au climat rigoureux du nord et à la
situation du couvent dans un lieu bas et humide.
Le danger croissait. La Mère Prieure offrit la
novice à sa sœur, Prieure du Carmel de Nevers,
laquelle accepta, mais à la condition que tout
serait recommencé, même le postulat. Noémi
partit d'Amiens pour se rendre à Nevers en
traversant Paris.

M. Doussot voulait garder sa fille, la soigner,
lui faire passer au moins l'hiver auprès de lui.
Elle refusa inflexiblement et se sépara de son
père au bout de quelques jours. Son état em-
pirait : c'était folie, au point de vue humain.

Elle entra chez les carmélites de Nevers le
7 décembre 1857, par un temps glacial. Mais
la Prieure l'entoura de soins maternels avec
interdiction d'user des instruments de péni-

tence avant qu'un mieux notable se fût produit : peu à peu, la vigueur du tempérament reprit le dessus. L'habit religieux lui fut rendu le 18 février 1858, avec son nom de Sœur Marie-Élisabeth de la Croix. Son frère, le P. Doussot, vint donner le sermon. Sa présence exerça la plus heureuse influence sur la santé de la novice par la consolation qu'elle lui procura. La Mère Prieure avait supprimé pour un temps toute macération du corps; mais Dieu, qui voulait purifier cette âme généreuse, permit qu'elle fût éprouvée par de violentes peines intérieures qui firent alors de sa vie comme un purgatoire anticipé.

Ce fut dans ce couvent nécessiteux que Sœur Élisabeth se pénétra de l'obligation de travailler assidûment comme les pauvres, pour gagner le pain de chaque jour : point de règle qu'elle inculqua fortement dans la suite à toutes ses Filles, et qui ne doit jamais être abandonné dans les monastères suffisamment rentés.

Cependant M. Doussot qui était anxieux sur la santé de sa fille vint la voir; mais lorsqu'il se se trouva séparé d'elle par une grille armée de pointes de fer, ce lui fut un chagrin inexprimable! Il faudrait être père selon la nature pour en comprendre l'étendue. Il demandait, éploré, s'il ne pourrait plus embrasser son enfant. La Mère Prieure lui remontra que cela était désormais impossible, excepté dans les quelques jours de déclôture qui suivent une fondation nouvelle. M. Doussot devint songeur. Il conçut aussitôt le dessein d'établir un Carmel à Meaux, dont il connaissait l'évêque, Mgr Allou, ancien magistrat, avec lequel il avait frayé très-familièrement, lorsque, étudiants, ils suivaient tous deux les cours de la Faculté de droit, à Paris, avant d'être nommés en même temps, juges auditeurs, ainsi qu'on appelait les juges suppléants avant Louis-Philippe.

L'année de noviciat écoulée, Sœur Élisabeth prononça ses vœux de religion le 20 février 1859 et reçut le voile le 4 mars suivant. Le P. Doussot, son frère, donna encore le sermon; mais leur père ne vint pas : il méditait son projet de fondation.

C'est alors que le P. Doussot fit connaître à sa sœur la dévotion au Sacré-Cœur qu'elle avait ignoré jusque-là! A l'instigation de son

frère, elle se consacra solennellement au Cœur
de Jésus.

Mais nous demandons au lecteur de nous

M. JEAN-BAPTISTE DOUSSOT

donner encore un moment pour raconter l'heureuse issue des démarches entreprises par
M. Doussot auprès de l'évêque de Meaux, qui
acceptait les carmélites, pendant que celui de
Nevers permettait le départ de Sœur Élisabeth

avec deux autres religieuses. Elles allèrent chercher quelques recrues et une Prieure au Carmel du Mans, puis elles vinrent s'établir à Meaux dans les derniers jours d'août 1860. Ainsi s'accomplissait à la lettre la promesse faite par Notre-Seigneur à Sœur Élisabeth le jour de sa prise d'habit! On l'installa Sous-Prieure et maîtresse des novices.

Les débuts furent difficiles. La bienfaitrice, comme il arrive trop souvent, se retira lorsqu'il fallut débourser la somme promise. La communauté connut toutes les privations du complet dénuement. Les meubles les plus nécessaires manquaient. L'unique marmite de la cuisine se fêla; on la répara vaille que vaille avec une mixture de cire et de cendres; car point d'argent pour en acheter une autre. Pas de feu en hiver. M. Doussot se multipliait de la manière la plus touchante pour trouver des ressources. La sollicitude paternelle ne s'arrêtait pas à sa fille, mais s'étendait à toutes les religieuses, qu'il regardait comme ses enfants. Cependant la situation matérielle s'améliora peu à peu. On put bâtir une chapelle provisoire qui fut bénite le 12 octobre 1863. Quinze jours après, Mgr Allou nommait, de son propre mouvement, la Mère Élisabeth, Prieure, en attendant que les Sœurs fussent assez nombreuses pour former un chapitre et procéder à une élection canonique.

La nouvelle Supérieure gouverna sa communauté avec cette autorité pleine de force qui lui était naturelle, faisant régner l'observance exacte de la Règle en même temps qu'une vie intérieure intense.

N'omettons pas de remarquer que tout contribue au Carmel à donner des ailes à l'âme pour l'élever à la contemplation divine : la séparation du monde; le mépris de ses fausses joies; le renoncement à la volonté propre par l'obéissance; le dégagement de tout souci terrestre par la pauvreté; la virginité de l'âme et du corps attirant les prédilections du Sauveur; les macérations qu'elle appelle : abstinence perpétuelle et jeûnes prolongés; le silence; la retraite en cellule; les deux heures de méditations quotidiennes; la psalmodie au chœur; la communion fréquente; l'humilité profonde, dont la Règle, les Constitutions, les moindres coutumes sont imprégnées; enfin la disposition même des monastères combinée de façon à favoriser la vie d'oraison et le recueillement habituel : tout cet ensemble concourt harmonieusement pour conférer à l'âme une liberté céleste, puisque l'esprit plane sur la nature assujettie et vaincue.

Aussi, tandis que le simple chrétien doit combattre pour soumettre en lui les sens et les passions à l'esprit et celui-ci à Dieu, il faut que l'âme, attirée à la vie contemplative du Carmel, subisse une préparation qui détruise en elle les obstacles à l'union divine, c'est-à-dire une purification d'autant plus profonde et efficace que l'âme est destinée à monter plus haut. L'effort humain, aidé de la grâce commune, ne suffit plus ici; il est nécessaire que Dieu y mette la main, qu'il dégage l'âme de toute servitude des sens et des illusions de l'esprit, pour qu'elle prenne un libre essor vers les splendeurs divines. Cette épuration rigoureuse varie selon chaque âme d'après un plan conçu par Dieu; parfois, les peines inexprimables qu'elle cause rappellent celles du purgatoire, voire même celles de l'enfer. On conçoit, en effet, que la Sainteté infinie s'appliquant à l'âme pour la dégager des créatures et d'elle-même, lui cause des douleurs intimes d'une acuité sans comparaison supérieure à celle des souffrances les plus aiguës de la vie ordinaire.

Venons maintenant à considérer l'état d'âme de la Mère Élisabeth au début de sa vie religieuse. Nous voyons, d'une part, Dieu l'appeler à lui dès son plus jeune âge et la poursuivre par une grâce puissante pour la fixer dans la foi et la garder pure; pendant que, d'autre part, son père lui instillait son rationalisme voltairien et l'amour du monde : d'où, vive opposition en cette âme, entre les appels divins et la raison infatuée d'elle-même, refusant d'accepter la révélation et l'Église. Mais ses luttes intérieures présentaient un autre aspect non moins lamentable, nous voulons parler de cet effroyable orgueil que son malheureux père lui avait inspiré depuis l'enfance, par son exemple, par sa faiblesse et ses adulations, à ce point que la superbe pénétrait et enveloppait ce cœur de toutes parts, comme on voit des radicelles nombreuses entourer une plante et l'étouffer dans leur épais chevelu.

Duel émouvant !

Qui triomphera ici ? Dieu ou Satan ?

Qu'est-ce qui régnera en cette âme ? le scepticisme ou la foi ? l'orgueil de l'esprit ou l'humilité de Jésus ?

Jusqu'ici Dieu l'avait emporté de haute lutte ; mais quels combats secrets ! Que de fois les ricanements diaboliques étaient venus troubler ses actions de grâces après la communion ! Combien de terribles pourquoi ? comment ? suscités par l'enfer, s'étaient dressés devant les augustes mystères de notre rédemption ! Et voyez jusqu'à quel point elle était privée de solides instructions dogmatiques dans une petite ville de province, desservie par un seul prêtre surchargé de ministère. Dès lors, au lieu de cette inclination à croire qui nous suit toute la vie comme un fruit du baptême, s'était implantée en elle la manie des esprits forts qui prétendent douter de tout. On l'aperçut, chez les Sœurs de la Charité, qui haussait les épaules pendant qu'on ornait la crèche de Noël. Elle n'eut longtemps que dédains pour certaines pratiques de dévotion des plus autorisées dans la vie chrétienne. Son éducation, lamentable au point de vue de la foi, laissera en elle des lacunes dont on constatera l'existence jusque vers la fin de sa vie, quels qu'aient été ses efforts pour les faire disparaître.

Faut-il s'étonner, après cela, que Dieu voulant développer ses desseins sur cette âme qu'il avait arrachée toute vive à Lucifer, lui ait fait subir des purifications effrayantes des sens et de l'esprit, avant de l'introduire dans l'union divine ?

Il permit d'abord les contradictions qui entravèrent sa vocation au Carmel ; les angoisses de l'attente, où l'âme interroge l'avenir, anxieuse, ne sachant ce que Dieu veut ; puis l'épreuve de la maladie avec l'impuissance où elle tenait cette ardente nature ; vinrent ensuite s'étaler dans son imagination — humiliation suprême — des représentations horribles des passions les plus perverses : elle protestait contre ces visions abominables, et, pour s'en délivrer, eût volontiers mis son corps en pièces. Mais elle fut soumise à une obsession plus torturante encore, qui dura deux années entières, avec des doutes affreux, sans cesse renaissants, qui lui semblaient faire corps avec son esprit et se

traduisaient en d'obstinés et odieux blasphèmes
contre Dieu, son Christ et toutes les vérités
que l'Église enseigne. Elle n'était plus ratta-
chée à la foi que par la haute pointe de l'esprit
et se voyait comme suspendue par un fil au-
dessus de l'abîme infernal. Le démon s'efforçait de lui arracher toute espérance, de la
décourager, pour la réduire au désespoir. Il
lui remontrait sans relâche son impuissance à
s'affranchir de ses suggestions; lui affirmait
que Dieu l'avait livrée entre ses mains pour
punir son passé; qu'il était inutile, dès lors, de
prier et de persévérer dans la vie religieuse;
mais qu'elle devait y renoncer, se donner à lui
et le suivre. Dieu, avant de faire entrer sa pré-
somptueuse créature dans le surnaturel divin
dont elle avait nié l'existence, la contraignait,
par une leçon d'une évidence écrasante, de
constater en elle-même la présence du surnaturel diabolique, jusqu'à devoir se soumettre
à des exorcismes.

Cependant il la soutenait dans l'intime de
l'âme, pendant que l'épreuve prolongée buri-
nait dans son esprit cette conviction d'une
importance capitale : « Je ne puis rien sans la

grâce ! » Elle entendait une voix intérieure lui répéter : « L'humilité seule te sauvera »; ce qu'elle traduisait en son langage énergique : « Ou l'humilité ou l'enfer ! »

A cet état vint s'ajouter encore une vive douleur. Tous ses efforts pour convertir son père n'avaient pu aboutir : il atteignait soixante-dix ans. On le voyait cependant — chose grande devant Dieu, — chercher avec un dévouement infatigable des ressources pour le Carmel de sa fille chérie.

Elle le pressait, dans une de ses visites, d'aller entendre un conférencier de renom : « Je ne veux pas d'autre prédicateur que toi », lui avait-il déclaré. Et comme elle ajoutait qu'elle se mettait en retraite pour dix jours :

— Mais que feras-tu durant ce temps? demanda-t-il.

— Veux-tu le savoir? reprit-elle aussitôt; je pourrais t'envoyer tous les soirs les pensées qui m'auront occupée la journée.

— J'accepte, avait répondu M. Doussot.

Mère Élisabeth lui fit parvenir à Paris, chaque jour, les pages d'une retraite qu'elle composait exprès pour lui : il les parcourait, en soulignant certains passages.

Ce fut dans ce temps qu'un mal subit le surprit, la nuit. Il appela au secours et demanda un prêtre. Comme celui-ci tardait à arriver, la domestique se lamentait : « Taisez-vous, Émilie, lui dit-il, *il se passe de grandes choses ici!* » La mort survint avant l'arrivée du curé de Notre-Dame de Lorette, sur la paroisse duquel il habitait.

Combien profonde fut la douleur de Mère Élisabeth : ses prières et ses pénitences n'avaient donc pu obtenir le retour à Dieu de son père bien-aimé! Sa désolation était extrême, quoique les appels du dernier moment donnassent un espoir fondé de salut éternel. Elle demanda à Notre-Seigneur de souffrir les peines du purgatoire qu'endurait son père, afin de l'en délivrer; aussitôt, ses tourments intérieurs s'accrurent dans une proportion inouïe.

Rien cependant ne perçait au dehors de ce supplice intime : c'était la femme forte qui fait régner l'ordre et la paix dans sa demeure.

Esprit pratique et agissant, elle fixait à

chaque chose son temps et s'y appliquait tout
entière. Elle tenait de son père un grand talent
d'administration qui s'était développé dans les
circonstances diverses où s'était écoulée sa
vie, de sorte qu'elle était entendue à tout. On
la voyait traiter avec compétence des choses
matérielles : cuisine, travaux d'aiguille, construction de couvent; comme des spirituelles :
ascétisme ou mystique. Sa connaissance des
affaires étonnait les notaires, à ce point, que
l'un d'eux disait : « Je voudrais lui confier ma
fortune, elle saurait la doubler en peu de
temps. » Elle parlait à chacun son langage et
charmait tous ceux qui avaient le bonheur de
l'approcher. Sa bonté de cœur enveloppait
toutes ses actions d'une suavité inexprimable.
Elle se penchait vers les pauvres, comme vers
tout ce qui souffre, avec une tendresse profonde qu'elle puisait en Jésus. Elle excellait à
consoler les affligés; combien elle en a sou-
tenus par cet appui d'un cœur qui sait com-
patir! Elle usait de prévenances d'une délicatesse infinie pour faire accepter aux parents
des Sœurs le sacrifice que Dieu exigeait.
Nombre de personnes et même d'ecclésias-

tiques venaient lui demander de les conduire
dans les voies de la perfection. Habile directrice d'âmes, elle pénétrait ses Filles d'un généreux esprit de sacrifice, les entraînant par son
exemple. Ses réprimandes étaient très-fortes,
sans jamais trace de passion ; l'on y adhérait
aussitôt, tant ses corrections paraissaient impersonnelles, ne laissant voir que Jésus seul et
le zèle de sa gloire. Sa haute taille, sa corpu-
lence, sa tenue, imposaient ; mais elle ravissait
par l'affabilité de son langage et de ses manières : « les forts sont doux ! » Sa gaieté com-
municative animait les récréations ; causeuse,
elle entretenait la conversation, intéressait par
ses anecdotes, riait de bon cœur : nul ne se
fût douté alors de tout ce qu'elle souffrait et
cachait si bien, car, lorsqu'on parlait devant
elle de personnes allant à Dieu par des voies
non communes : « Oh, disait-elle, cela n'est
pas pour moi ! » Beaucoup s'y laissaient trom-
per. Elle avait encore ce caractère traditionnel
des parfaites Supérieures au Carmel, d'être très-
maternelle pour les Sœurs du voile blanc, ainsi
qu'on appelle les converses.

Il ne faut donc pas s'étonner qu'un esprit

aussi net et précis ait souffert de l'incohérence qui régnait dans son monastère. Les religieuses qui le composaient, tirées de plusieurs communautés, avaient été formées selon des coutumiers particuliers interprétant d'une manière différente les Constitutions de sainte Thérèse ainsi que le Cérémonial : chacune trouvait meilleurs les usages auxquels elle était habituée.

Mère Élisabeth désirait voir cesser ce désordre. Elle fit confidence de ces difficultés à Mgr Allou qui lui conseilla de s'éclairer auprès des Carmels les plus renommés. Elle écrivit donc à Mère Aurèle, Prieure du couvent de la rue d'Enfer, à Paris; mais ce qu'elle en reçut ne fit qu'augmenter la diversité d'opinions qui existait déjà, de sorte que ses Filles refusèrent net de s'y plier, contestant à la rue d'Enfer le droit de régenter leurs Carmels de Nevers ou du Mans.

Cependant Mère Élisabeth entendait dire que les carmélites de Montélimar avaient obtenu l'érection canonique et qu'elles s'étaient rattachées à l'Ordre des carmes déchaussés; elle leur écrivit et reçut leurs livres; mais ses religieuses les rejetèrent également : il fallait qu'une autorité plus haute les y portât.

Désorientée, ne sachant plus que faire, Mère Élisabeth fit part de ses ennuis à son frère, le P. Doussot, alors Maître des novices de Sainte-Sabine, à Rome. Celui-ci en parla à son Général, le Révérendissime P. Jandel, et tous deux prirent conseil. Leur réponse fut que Pie IX désirait l'unité et l'engageait à se rattacher à l'Ordre des carmes déchaux; c'était aussi l'avis d'hommes compétents accrédités auprès de la Sacrée Congrégation. L'abbé Gramidon, Dom Guéranger, le P. Pététot, consultés, conclurent de même en l'exhortant à suivre l'exemple du Carmel de Montélimar. Tous ces suffrages entraînèrent l'adhésion unanime des carmélites de Meaux qui adressèrent au Souverain Pontife une supplique à l'effet d'obtenir l'érection canonique. En attendant la réponse, Mère Élisabeth alla au couvent de Montélimar, avec une de ses Filles, pour s'instruire durant quelques semaines de la pratique du Cérémonial et du Coutumier. L'érection canonique fut accordée au Carmel de Meaux par un rescrit du 13 mars 1868 qui stipulait que les vœux simples de ses religieuses comporteraient participation aux grâces et privilèges des Sœurs du même Ordre ayant les vœux solennels, tout en les maintenant sous la juridiction de l'Ordinaire.

Dans le même temps, Pie IX faisait dire à la Mère Élisabeth, par son frère : « *Faites connaître les grâces reçues.* » Pressée du désir d'obéir à cette injonction souveraine, elle envoya aussitôt une circulaire à tous les Carmels et à tous les évêchés de France. Les carmélites de la rue d'Enfer et celles de Poitiers protestèrent, ainsi que Mgr Gay et Mgr Pie, évêque de Poitiers, depuis cardinal.

Mais ayant appris que des démarches se faisaient à Rome afin d'obtenir le rétablissement des Visiteurs pour les carmélites de France, les deux Prieures de Meaux et de Montélimar, au nom de quinze Carmels français et des leurs, accompagnèrent les évêques de Valence et de Meaux qui allaient au Concile, et, par leur opposition, firent échouer l'entreprise.

Elles demandèrent ensuite l'érection d'une Province de carmélites déchaussées de la Réforme de sainte Thérèse en France; mais il leur fut répondu que le concile réglerait la question quand il s'occuperait des Ordres religieux.

Le 20 février 1870, Mère Élisabeth entendit la messe du Père Général des carmes déchaussés et communia de sa main ; puis elle reçut de lui cette parole : « Je vous reconnais, ainsi que vos religieuses, comme filles de notre Congrégation d'Italie. » Le P. Doussot, son frère, la conduisit ensuite au Vatican, où elle eut l'immense joie d'entretenir longuement le Saint-Père. Pie IX lui promit d'adopter son Carmel comme sien et de lui donner son nom. Elle baisa avec une profonde vénération la mule du saint Pontife et reçut, en faisant cette action, une grâce de choix : toutes ses tentations, tous ses doutes contre la foi et l'obsession dont elle était torturée depuis deux années disparurent à l'instant pour ne plus revenir.

N'est-ce pas le lieu de chanter avec le prophète :

> Relève-toi de la poussière, debout,
> Jérusalem !
> Débarrasse ton cou de ses chaînes,
> captive, fille de Sion !

Délivrée des assauts diaboliques qui l'annihilaient, Mère Élisabeth va s'élancer à d'autres combats et, par de plus nobles sacrifices, remporter de plus belles couronnes!

Nouveau et admirable dessein de la divine Providence! Dieu lui avait donné ce frère incomparable qui se présente, à chaque tournant de sa vie, comme un envoyé du ciel, pour lui servir de guide. Il lui apprend d'abord les premiers éléments du catéchisme; constate ensuite sa vocation au Carmel; la conduit en religion; l'assiste à sa prise d'habit ainsi qu'à sa profession religieuse; lui fait connaître et aimer le Sacré-Cœur; la presse de se rattacher à son Ordre; lui obtient l'audience de Pie IX, où son âme s'échappe des filets du démon; couronne enfin sa mission céleste en lui communiquant son ardent amour pour l'Église et son dévouement absolu au Souverain Pontife, jusqu'à vouloir être victime et endurer le martyre pour ces deux saintes causes!

Depuis plusieurs années, il s'efforçait d'éveiller en elle ces généreux sentiments. « Nous restons à Rome avec le Saint-Père, lui écrit-il dès 1866, et, mourir pour mourir, j'aime infiniment mieux être expédié dans l'autre monde par les garibaldiens, que de finir ma vie dans un lit, emporté par quelque maladie. Quelle gloire et quelle joie si l'on venait à répandre mon sang en haine de l'Église! » La grande âme de Mère Élisabeth vibrait à l'unisson de la sienne.

Mais lorsqu'elle eut prié à Rome à la confession de saint Pierre, visité les catacombes, vu pontifier Pie IX dans les solennités du Concile, son cœur, déjà préparé par l'apostolat fraternel, s'enflamma d'un désir immense du sacrifice, puis, d'accord avec son frère, elle entendit sa messe dans la chambre de sainte Catherine de Sienne, cette autre vierge amante du Christ et de son Vicaire, et là, fut offerte par le célébrant, en union avec l'hostie divine, comme victime pour l'Église et le Saint-Siège.

Moment solennel! où cette âme prenait une orientation nouvelle qui transformait sa vie intérieure en lui créant un but relevé au-dessus de tous.

Cette oblation, présentée par le P. Doussot à Pie IX, fut agréée par ce grand Pape, qui appréciait si fort le frère et la sœur; offerte de nouveau à Léon XIII, il l'accepta à son tour, et, comme son prédécesseur, combla la Mère

Élisabeth de marques de sa bienveillance.

Depuis lors, s'alluma en son âme une soif insatiable de souffrir et d'être humiliée comme Jésus et avec lui, pour le Pape, pour l'exaltation de la sainte Église, la conversion des pécheurs et le salut de la France !

— « *Ne boirai-je donc pas le calice que mon Père m'a donné ?* » s'écrie le Sauveur pressé par son amour immense d'endurer pour nous. « *Je dois encore être baptisé d'un baptême* » de sang, « *et quelle angoisse en moi jusqu'à ce qu'il soit accompli !* » Il soupire après ce qu'il appelle « *son heure* » où, abreuvé de souffrances et d'ignominies, il expiera sur la croix nos iniquités : ainsi Mère Élisabeth s'enivre du désir de s'unir à Jésus et de pâtir avec lui.

Elle le voit dans sa Passion, comme l'ont dépeint les Voyants d'Israël :

> « Lui dont le visage était défiguré,
> et ne ressemblait plus à une face humaine,
> La multitude des nations l'admirera,
> et les rois fermeront la bouche devant lui ! »

Elle aussi adore le Dieu-Sauveur dans un religieux silence !

> « Méprisé, rebut de l'humanité,
> homme de douleurs et familier de la souffrance,
> Devant qui on se voile la face,
> méprisé, et, à nos yeux, néant ! »

A lui être semblable, elle aspire !

> « Mais il a pris sur lui nos souffrances,
> et de nos douleurs il s'est chargé :
> Et il paraissait à nos yeux châtié,
> frappé de Dieu et humilié. »

Entraînée par l'amour, elle veut s'attacher à ses pas !

> « Il a été transpercé pour nos péchés,
> broyé pour nos iniquités ;
> Le châtiment qui nous sauve a pesé sur lui,
> et par ses plaies nous sommes guéris. »

Elle brûle d'être crucifiée avec lui !

> « Il était maltraité et lui se résignait,
> il n'ouvrait pas la bouche ;
> Comme un agneau qu'on porte à la boucherie,
> comme la brebis muette aux mains du tondeur. »

Elle appelle les mépris et les calomnies et veut s'y délecter avec lui, sans une plainte !

> « Et moi, je suis un ver, et non un homme,
> L'opprobre des hommes et le rebut du peuple :
> Tous ceux qui me voient se moquent... »

Rien ne pourra plus étancher en elle, comme

en Jésus, la soif d'abjections et de souffrances!

C'est, en son cœur, la folie de l'amour répondant à celle de la croix!

C'est ne vouloir vivre, comme Jésus, que pour obéir, se sacrifier et pâtir!

C'est ne désirer, comme Thérèse d'Avila, que souffrir ou mourir!

Elle n'a plus de corps que pour l'immoler sur le Calvaire, avec Jésus!

Elle s'offre à endurer, en son âme, ses dérélictions, son agonie, son abandon des créatures et de son Père céleste, victime pour le Pape, l'Église et la France!

De là sa passion pour la pénitence, incompréhensible au sens humain.

Pour expier il faut du sang.

Jésus en demande pour l'offrir avec le sien à Dieu, son Père.

Elle lui en donnera.

Nous pouvons maintenant transcrire une page écrite de sa main à la fin d'une de ses retraites, où était fixé l'ordinaire de ses pénitences pour l'année suivante :

« 1° Outre les trois disciplines de Règle par semaine,

prendre, tous les vendredis, deux cents coups de discipline à éperons (en fer).

« 2° Prendre, tous les jours, deux cents coups de
discipline de corde, ou de fer, ou d'orties.

« 3° Me faire donner de vingt à cinquante coups de
discipline à éperons à chaque station du Chemin de la
croix, dans la nuit du jeudi au vendredi. Y porter la
couronne et le collier (à pointes de fer). De même,
toutes les fois que je ferai le Chemin de la croix après
Matines.

« 4° Porter pendant *un an* (c'est elle qui souligne) la
croix et le cœur (à pointes) de fer.

« 5° Porter (autour des reins) durant le mois de *mai*
une corde nouée de **cent** cinquante nœuds. — Reçu
ordre que désormais elle n'entre pas dans la chair.

« 6° Porter trois fois par semaine le grand cilice (de
crin très-dur, qui descendait depuis le cou jusqu'aux
genoux, s'appliquant sur les plaies vives, avec de
grands parements sur les avant-bras et un collet
monté : elle l'appelait son « vêtement de sauvage »).

« 7° Porter le petit cilice tous les jours; avec la
chaîne (pour la jambe), le bracelet et la croix (tous
trois, à pointes de fer).

« 8° Suit une liste de longues prières, psaumes ou
litanies, à réciter chaque jour, les bras en croix ou les
mains sous les genoux.

« 9° Dormir aussi peu que possible et jamais sur ni
dans le lit (elle s'étendait par terre), avec un fagot de
sarments sous la tête.

« 10° Jeûner au pain et à l'eau tous les vendredis, ainsi qu'une autre fois par semaine. Les autres jours, réduire la nourriture autant que je pourrai; mâcher toujours des feuilles d'absinthe, à chaque bouchée. (Notez qu'elle observait strictement l'abstinence perpétuelle de viande prescrite par la Règle du Carmel.)

« 11° Chaque jour, au réfectoire, et à trois heures, boire ce mélange de fiel et de vinaigre (qu'elle composait; il était horrible à la vue et plus encore au goût). »

Elle se frappait si fort et si longtemps, lorsqu'elle prenait la discipline, qu'il faisait mal de l'entendre. Mais pour ajouter l'ignominie à la douleur, elle se la faisait donner souvent par une autre main; elle note que : « alors, les coups sont beaucoup plus douloureux, à cause de l'incertitude de l'endroit où ils tombent. »

Elle avait imprimé sur sa poitrine le nom sacré de Jésus en majuscules de deux centimètres de hauteur, ainsi qu'une grande croix de trente centimètres sur vingt, et de deux centimètres de largeur. Elle ravivait cette plaie en la saupoudrant de sel et en l'arrosant de vinaigre, pour souffrir davantage.

La vue de ses instruments de pénitence, en

grande partie conservés, est pour causer de l'effroi. Elle les gardait en un coin de sa cellule dans une caisse qu'elle appelait « le tombeau de la nature ». A peine en enlevait-elle un, qu'éprouvant un sentiment de bien-être, elle le replaçait aussitôt ou en mettait un autre, crainte de donner quelque satisfaction à son corps : elle ne voulait pas être un moment sans pâtir.

Remarquez que tout cela était accompli avec deux maladies de cœur, distinctes, dont les crises très-fréquentes la faisaient entrer comme en agonie.

Sa magnanimité pour l'observance de la Règle était admirable. Elle fut atteinte, en février 1879, d'une violente fièvre goutteuse; la tête était prise, et, plusieurs fois, elle sentit « comme une nappe d'eau » qui lui passait sur le cœur, l'entraînant à la mort. On lui portait, chaque matin, la sainte communion. Le quinzième jour, écrit-elle dans son cahier d'âme, « Notre-Seigneur me dit : « Lève-toi, pour me « prouver que tu méprises ton corps et tout ce « qui n'est pas moi... » Je me levai et j'allai à l'oraison de six heures du matin, ainsi qu'à tous les autres actes de communauté (excepté aux

Matines), en me reposant dans les intervalles.
Je trébuchais et la tête me bourdonnait... Mais,
avec des actes d'amour, j'ai tenu bon jusqu'au
bout. Je désire ardemment d'accomplir le plus
parfaitement possible la volonté divine, au prix
de n'importe quels sacrifices ou souffrances. »
Immédiatement après cette maladie, elle faisait
sa retraite annuelle.

Mais qu'est-ce que tout cela auprès de sa
soif inextinguible d'abjections. Elle écrit :
« Notre-Seigneur me dit souvent : « Viens à
« l'opprobre », et j'y vais. »

Elle veut avoir une Sœur zélatrice spéciale,
qu'elle choisit animée d'un zèle amer, qui ne
l'aborde que pour lui reprocher âprement ses
moindres imperfections, qui la reprenne même
sans motif, et à laquelle elle se soumette, dans
sa conduite particulière, si dures que soient
parfois ses volontés ; car, à l'exemple de Jésus,
son entière obéissance fut toujours et en toutes
choses, héroïque.

Elle organise ce qu'elle appelle « ses
séances », qu'elle demande à renouveler à
intervalles très-rapprochés (mais que nous rela-
tons à titre d'historien, sans porter de jugement,

son Directeur les ayant explicitement approu-
vées), dans lesquelles cette zélatrice la tutoie,
l'injurie, la bafoue, lui crache à la face, la souf-
flette à plusieurs reprises et rudement, l'affuble
de grands écriteaux où elle est qualifiée d'orgueilleuse, d'hypocrite, de sensuelle, etc., la
foule du pied, la frappe comme un animal, la tire
avec une corde pendant qu'elle se traîne à
quatre pattes, coiffée d'un grand bonnet à
forme de tête d'âne... Mais notre plume s'arrête, refusant d'aller plus loin.

Jésus ne voulait-il pas donner satisfaction à
ces désirs ardents d'union à ses humiliations
divines, en permettant que sa fidèle servante fût
en butte, durant nombre d'années, à toutes sortes
de dérisions, de détractions, de calomnies, à
l'occasion de son retour aux Constitutions de
l'Ordre ? Les choses en vinrent à ce point que,
lorsqu'on nommait en certains Carmels, ou en
divers milieux de piété, « la Prieure de Meaux
ou de Fontainebleau », il semblait qu'on dési-
gnât une femme insensée et méprisable au premier chef : les échos n'en poursuivent-ils pas
encore sa mémoire ?

Elle connut, elle aussi, en ces circonstances

difficiles, l'abandonnement de quelques-uns de ceux qu'elle considérait comme ses plus assurés protecteurs !

Cependant, ses intentions furent toujours si pures ; ses lettres et ses écrits si exempts de toute personnalité offensante ; ses paroles si charitables, quelque injurieusement qu'on la traitât ; tous ses actes si bien pesés au poids du sanctuaire, approuvés par de doctes personnages et plusieurs fois par le Saint-Siège lui-même, qu'on ne peut se refuser à reconnaître une conduite particulière de Dieu dans une aussi manifeste méprise !

Elle fit même participer plusieurs de ses amis à cette grâce d'abjection : le si digne abbé Gramidon, entre autres, en fit la pénible expérience.

Mais elle savait avec quelle effusion Dieu bénit ceux qui s'élèvent au-dessus d'eux-mêmes pour vouloir du bien à leurs adversaires. Comme elle aimait à prier pour les personnes qui lui étaient le plus opposées et quelles pénitences elle faisait pour leur obtenir du ciel des grâces abondantes ! Elle n'ignorait pas que Jésus, conspué au delà de toute expression, aima un trai-

tement aussi indigne, sans mépriser qui que ce
fût, au point qu'il eut toujours une réelle estime
accompagnée d'un vif amour pour ses ennemis
et ses persécuteurs les plus furieux, allant jusqu'à répandre tout son sang pour émouvoir en
leur faveur la miséricorde divine.

Plusieurs de ses Filles, ingrates, esprits difficiles ou montés, la desservirent et l'affligèrent
cruellement : jamais elle ne voulut se défaire
d'aucune d'elles ni se venger autrement qu'en
les comblant d'attentions et de soins maternels.
La charitable Mère les recevait avec le sourire
si bon qu'elle adressait à toutes et, quand elles
s'éloignaient, les suivait avec un long regard
chargé de tendresse, qui rappelait celui de
Notre-Seigneur à Pierre, coupable : plusieurs,
qui en furent témoins, en ont gardé un ineffa-
çable souvenir.

Mais il nous faut pénétrer plus avant, jusqu'à l'intime de cette âme héroïque, pour la
considérer dans sa vie mystique, à l'école du
divin Maître.

Au reste, une analyse, si exacte qu'on s'ef-
force de la faire, ne pourrait jamais balancer
en vérité et en intérêt ce qu'elle a dit d'elle-

même dans quelques cahiers de retraites an-
nuelles qu'elle n'a pas eu le temps de brûler
avant de mourir : nous y trouverons la note
juste, le secret de sa vie intérieure ; car rien ne
vaut ce témoignage que l'âme se donne devant
Dieu seul, en la persuasion que rien n'en trans-
pirera jamais au dehors. Nous ne citerons
cependant que des extraits : « J'ai regret à ce
que je laisse », dirons-nous avec Montaigne ;
mais on ne peut tout reproduire, ce serait sortir
de la brièveté que nous nous sommes assignée
dans cet ouvrage. Toutefois, avant de transcrire les saints colloques de Mère Élisabeth,
nous voulons nous associer à une sage réserve,
bien fondée en théologie mystique, formulée
par le Révérendissime P. Général des chartreux à qui le P. Doussot avait communiqué les
cahiers d'âme de sa sœur : « Il est indubitable,
dit ce docte religieux, qu'un certain nombre de
paroles, rapportées dans ces résumés d'exercices spirituels, viennent de Notre-Seigneur
lui-même ; mais quelques-unes, assurément
bonnes et saintes, puisque toute la doctrine du
recueil est irréprochable, semblent provenir du
travail de l'intelligence éclairée par la grâce et

mue par l'amour divin, de façon à prendre pour la voix même du Bien-aimé, ce qui n'en serait que l'écho ou même ce que l'amour voudrait lui faire dire : quoi qu'il en soit, la part de cette âme nous paraît belle et enviable. » Cette observation faite, on ne peut qu'admirer la surnaturelle élévation de ces pages et en louer la mystique sûre.

Voici quelques fragments de la retraite sur le *Miserere* (1875). Les appels de Notre-Seigneur deviennent plus pressants :

« Viens, dit-il, car je t'aime, et parce que tu t'es livrée à moi, je te comblerai de mon amour. Je te donnerai part à ma croix... je te traiterai en épouse, t'appelant à partager mes hontes et mes souffrances... Je remplacerai dans ton cœur ce que je te retire d'appuis et de consolations. Je veux te purifier et je veux te suffire... Quand Dieu ne t'exauce pas, c'est orgueil d'en être troublée et de ne pas répéter mon *fiat*. Reste toujours à ta place de créature et de pécheresse, moi alors je t'élèverai à celle d'épouse et je t'en donnerai les privilèges. »

Premier jour. — Notre-Seigneur me dit : « Tu seras la martyre de l'amour, livre-toi de plus en plus. » Je l'adorai gardant le silence chez Hérode et méprisé à cause de cela... Je compris que rien n'est plus terrible que le silence de Jésus-Christ à l'égard de l'âme qui a mérité ce châtiment. Il me dit : « Je me tais quand tu parles, je parle quand tu te tais. Le mépris doit être ton pain. »

Deuxième jour. — Je dis doucement les cinq premiers versets du *Miserere;* tout le créé disparut : je restai longtemps abîmée dans la componction et dans l'adoration; je sentais le regard de Notre-Seigneur me pénétrer comme un rayon de soleil. Il me dit : « Il te faut souffrir, souffrir pour te purifier, souffrir pour m'imiter, souffrir pour nourrir et augmenter l'amour. Il faut être dépouillée de tes pensées, de tes désirs, de tes affections, et n'avoir que mes pensées, mes désirs, mes affections; alors je serai libre en toi; alors tu seras vraiment épouse victime. » Et je me livrai au bon plaisir divin, renouvelant mon vœu d'obéissance et celui de faire en toutes choses la sainte volonté de Dieu. Jésus-Christ disparut aux yeux de mon âme et il m'enleva au-dessus de la terre jusqu'au ciel. Là je me sentis en présence de la sainte Trinité, sans rien voir ni rien comprendre, sinon que moi, pauvre créature, j'étais en présence du Saint des saints.

Messe. — *Évangile de la Samaritaine.* — A l'offertoire je me sentis offerte par Notre-Seigneur à son Père ; il revêtait ma nudité spirituelle de ses mérites. Il me dit : « Oui, je te désaltérerai de cette eau. Cette eau, c'est ma grâce, c'est ma lumière, c'est ma paix, c'est ma gloire. Tu es la conquête de mon amour, car je

t'ai payée de mon sang. Nourris-toi du pain éternel. »
Et comme je lui demandai ce que c'est que le pain de
l'éternité, il me dit : « C'est d'accomplir la volonté de
Dieu, c'est d'adorer en esprit et en vérité. Dans
l'adoration vraie, est l'humilité vraie. »

Deuxième oraison. — *Pilate prit Jésus et le fit fla-
geller.* — J'eus une vue intellectuelle très-intime de
Jésus-Christ attaché à la colonne. Une vive compassion me saisit, moi la cause d'un si cruel et si honteux
traitement ; je lui offris mes désirs de participation, il
me dit : « Je t'ai épousée dans la foi, je t'ai donné un
cœur nouveau ; je me suis donné moi-même à toi et je
suis prêt à me donner à mesure que tu me laisseras
libre d'opérer en toi. Je te veux liée à mon cœur par
la foi, l'espérance et l'amour ; je te veux liée à mon
Église par ton obéissance et ton dévouement ; je te
veux liée à ton Ordre par tes vœux, les Constitutions
et tout ce qui en maintient l'esprit ; je te veux liée à
ma colonne par ta patience, par ta mortification.
Donne-moi du sang, je te donnerai des âmes. » Je
compris par ces appels que Notre-Seigneur voulait
surtout suppléer aux fondements défectueux de mon
éducation chrétienne et religieuse. Oh ! quel désir j'ai
de le laisser opérer librement en moi !

Troisième oraison. — *Pilate prit Jésus et le fit fla-
geller.* — Jésus-Christ m'était intellectuellement présent ; j'entendais les coups d'une manière très-dis-
tincte ; il me semblait que chacun avait écho dans
mon cœur et lui apportait une grâce. Notre-Seigneur

me dit : « Tu ne sauras qu'au ciel l'étendue de ma miséricorde et la force de mon amour pour toi. »

Troisième jour. — Communion. — Notre-Seigneur me dit : « Tout est bien, je règne. » Je fus élevée à un état d'union inaccoutumée. Vers la fin de l'action de grâces, la Sainte Vierge me fut intellectuellement présente et mon ange aussi ; je compris quelque chose de la grandeur, de la sainteté, de la bonté de Marie... le saint ange s'effaçait avec respect devant elle.

Troisième oraison. — J'adorai longtemps Jésus revêtu par moquerie d'une longue robe de pourpre. Il me dit : « Parce que tu as douté du surnaturel, j'ai voulu que ta vie ne soit remplie que de surnaturel. Rien ne pouvait humilier davantage ton orgueil. Aspire à porter, toi aussi, le vêtement de pourpre du martyre. Donne-moi du sang pour les âmes, par la pénitence ! Consacre-moi tes dimanches ; fais-en autant de jours de retraite ; je suis si offensé ce jour-là. » Je les offris avec joie. La présence de la Très-Sainte Vierge ne me quitte pas, elle m'inspire la douceur et la paix, avec un besoin irrésistible de m'humilier. Je voudrais le pouvoir faire en face du monde entier ; je voudrais que toute créature me foulât aux pieds comme l'être le plus infâme qui soit au monde. Je suis telle, en vérité, et cependant, la confiance déborde de mon cœur. Jésus-Christ me dit : « L'humilité que j'inspire ne trouble jamais ; au contraire, elle nourrit le courage et l'amour, parce que j'en suis le principe et la fin. »

Quatrième jour. — Première oraison. — Je récitai les versets du *Miserere,* puis j'adorai Notre-Seigneur comme roi de mon cœur. Il me dit : « Je t'épouserai dans l'opprobre, dans le mépris : cherche-les en tout. »

Deuxième oraison. — Dès que j'eus dit : *Miserere* et adoré Notre-Seigneur, il me sembla qu'il s'offrait à moi comme époux et qu'il m'unissait à lui ; comment cela se fit-il, je n'en sais rien. Je confessai mes fautes, je les accusai à cet Homme que Pilate me montrait. Cet Homme, c'est mon Dieu, c'est mon Sauveur, c'est mon Époux. Je fus assistée du Saint-Esprit, et, à mesure que je m'accusais, je sentais mon âme s'élever plus légère et plus pure, parce que je regrettais et aimais beaucoup. Oh ! que je voudrais être au jugement général, y subir la honte de mes péchés. J'ai besoin de mépris, comme l'homme a besoin d'air. Notre-Seigneur me dit : « Marche en ma présence dans la simplicité et dans la confiance de l'amour. La simplicité, c'est la pauvreté de l'esprit. Tu n'as plus besoin d'autres pensées que des miennes. La Providence de mon Cœur ira au-devant de tes besoins. »

Troisième oraison. — Crucifiez-le, crucifiez-le ! — Une immense douleur a rempli mon âme d'amertume ; car c'est moi, ce sont mes péchés, qui sont la cause de cette haine. Je me suis offerte à lui pour réparer ; je l'ai prié de crucifier en moi tout ce qui peut faire obstacle à son règne, sans avoir égard en rien aux plaintes de ma nature. Il me semble que j'ai fait ces prières avec amour et droiture, en m'appuyant sur la grâce et non sur moi-même. Je crois en cela avoir plu à Notre-Seigneur, car il m'a dit : « Je le ferai. »

Quatrième oraison. — *Qu'est-ce que la vérité ?* — Jésus-Christ me dit : « La vérité, c'est moi ; la vérité, c'est ma doctrine ; la vérité, c'est mon Église hiérarchiquement constituée. Là où je suis, il y a toujours charité, obéissance, humilité ; là où manque une de ces choses, je ne suis pas : qui enseignera contre ces choses n'est pas avec moi. »

Cinquième jour. — Dès que la sainte hostie fut dans ma bouche, Notre-Seigneur Jésus-Christ me dit : « Aime ton Ordre. Je t'ai donné la vérité ; fais fructifier le petit grain de sénevé que j'ai déposé ici par mon Vicaire. Pratique et fais pratiquer avec beaucoup d'amour les saintes Règles et l'esprit de ton Ordre ; que la charité soit toujours le cachet de ce monastère. »

Troisième oraison. — *Les Juifs prirent Jésus et le chargèrent de la croix.* — J'adorai, je contemplai, je gémis, je priai, je souffris beaucoup et Notre-Seigneur me dit : « Partage ma honte, viens à la mort mystique ; il te reste une voie bien douloureuse à parcourir, parce que je veux t'épouser sur la croix ; mais courage, je marche devant toi, mon sang te soutiendra, mon esprit t'éclairera, et mon amour ne te quittera pas. Dépouille-toi du créé. » Il se passa en moi quelque chose de solennel. Il me semblait que certains germes de vie naturelle étaient encore arrachés de mon cœur et qu'une source d'amour plus pur se répandait en moi.

Sixième jour. — *Première oraison.* — Jésus-Christ me dit : « Je t'enverrai mon esprit de force à proportion que tu renonceras à toute consolation, à tout appui sur la terre... »

Septième jour. — Notre-Seigneur me dit : « C'est par la prière, la douceur et la bonté que tu pourras convaincre, calmer, aider les âmes. » Oh ! par et avec la grâce de Jésus-Christ, cette année me verra douce, me verra bonne, de cette tendre, ferme et inépuisable charité qui soutient et aime les âmes par amour pour Jésus, sans se décourager jamais des obstacles ou de l'ingratitude. Sur ce point, la grâce m'a fait faire un grand pas cette année : je ne me sens plus besoin de succès, il me suffit d'être assurée que je fais la volonté de Dieu. J'examinai mon cœur et je le trouvai libre.

Neuvième jour. — *Première oraison.* — *Mon Dieu, mon Dieu, pourquoi m'avez-vous abandonnée?* — Notre-Seigneur me dit : « Mes abandons, mes sévérités apparentes envers les âmes sont toujours l'expression de mon amour pour elles; mais je ne suis pas compris et presque toutes me **délaissent**. Pour toi, demeure-moi fidèle ! »

Dixième jour. — Je me sens un abandon d'enfant à Dieu que je n'ai jamais éprouvé; mon âme n'a plus qu'une pensée, qu'un désir : Jésus crucifié, son amour, sa volonté, sa croix; et moi, je veux m'humilier, me mépriser toujours plus. Notre-Seigneur me dit : « Sois morte à tout ce qui n'est pas moi, mon amour, ma gloire. Vis de foi, de pénitence, d'adoration, d'obéissance et d'amour. Conserve dans ton cœur les nombreuses grâces que je t'ai faites pendant cette retraite, fais-les fructifier, établis-toi en moi. »

Vendredi saint. — « Sois le Cyrénéen de mon Vicaire, par la prière et la pénitence... Suis ma voie, sans te laisser ébranler et déconcerter par ce qui vient des créatures. Le déchaînement des langues contre toi est un des moyens les plus prompts et les plus sûrs de te purifier, de te rendre semblable à moi. Je te donne ma force, ma lumière et ma paix. Il ne suffit pas de faire ce que je veux, il faut le faire comme je le veux et par amour pour moi... L'obéissance, c'est la foi pratique. Ce qui a empêché que le flambeau de la foi s'éteigne entièrement en toi, c'est que tu as toujours obéi, toujours voulu obéir. Alors je t'ai visitée par ma grâce, mon amour et ma miséricorde et tu as été sauvée. Ton degré d'amour est en proportion de ton degré d'obéissance. »

De cette époque datent les deux actes suivants dont les originaux écrits avec le sang de Mère Élisabeth reposent sur son cœur, dans son tombeau, comme elle en avait exprimé le désir.

Acte de contrition.

« Mon Dieu, mon père, je le confesse devant vous et à la face du ciel et de la terre, j'ai été un monstre d'orgueil et d'ingratitude, mille fois digne d'être rejetée bien loin de vous sous les pieds des démons pendant toute l'éternité; mais votre miséricorde m'a rachetée par votre Fils Jésus : pardonnez-moi, pardonnez-moi, Seigneur, à cause de votre nom, et, jusqu'à la fin, ayez pitié de moi, selon votre très-grande miséricorde. J'espère en vous et je vous aime.

Ô Marie Immaculée, vous qui toujours vous êtes montrée si réellement ma mère, priez pour moi.

Ô Cœur adorable de Jésus, vous que j'ai tant outragé et qui toujours m'avez été si miséricordieux, purifiez-moi et gardez-moi. »

Acte de consécration.

« Ô Jésus, mon Rédempteur, mon Seigneur, mon Époux, qui par une miséricorde ineffable m'avez délivrée de l'enfer le plus profond, je vous livre tout ce que je suis et tout ce que j'ai, tout ce que je puis être et tout ce que je puis avoir pour le temps et pour l'éternité : disposez de tout, toujours, selon toute l'étendue de vos bons plaisirs : qu'à jamais tout en moi soit à vous seul, vive à vous seul, pour votre plus grande gloire. Amen.

> Cœur de Marie, soyez mon salut!
> Cœur de Jésus, soyez mon amour! »

Elle écrit en août 1875 :

« Notre-Seigneur m'a dit : « La pénitence que je t'ai

imposée (en fin 1868) est finie; les sept années de purification sont terminées. Maintenant tu peux mourir, cependant si tu me demandes de rester encore sur la terre, je t'y laisserai. » — A la sainte communion, je m'offris de vivre pour le Pape, la sainte Église et les âmes; je fis cela humblement, simplement, amoureusement; mais je ne crois pas avoir fait un acte plus héroïque dans ma vie. — Notre-Seigneur me dit : « Tout est bien; oui, tu vivras encore; mais je vivrai avec toi. En retour de l'acte d'hier (l'acceptation de quitter Meaux pour aller fonder à Fontainebleau), je te donne mes stigmates et désormais tu souffriras ce que j'ai souffert. Ces stigmates ne sont pas visibles; mais tu en ressentiras tous les effets et toutes les douleurs... » — « Je t'attends (à Fontainebleau) pour être aimé de toi, loué par toi, servi par toi... Tout ce que tu fais pour cette œuvre, je le regarde comme fait à moi-même. »

Sur un ordre de l'évêque de Meaux, Mgr Allou, la Mère Élisabeth installa un Carmel à Fontainebleau, le 14 novembre 1875. Son frère, le P. Doussot, en fut le véritable fondateur, car ses Supérieurs lui permirent d'y affecter sa part de l'héritage paternel.

La vie intérieure de la vénérée Mère n'en souffrit aucun arrêt. Elle écrit dans son cahier de notes intimes :

1ᵉʳ décembre. — Il se fait un changement dans ma manière d'oraison : les puissances deviennent moins actives et elles sont nourries par la grâce sans presque aucune impulsion. Je subis plutôt que je ne cherche l'action de Dieu. Sa grâce et sa lumière me sont données avec une paix et une douceur infinies.

8 janvier 1876. — J'entrai dans un état de grandes souffrances de corps, d'esprit, de cœur et mon âme fut noyée dans la douleur. Dès ce jour, je fus livrée à toutes sortes de tentations et de souffrances, cela dura jusqu'au 20 mai.

Mai 1876. — « J'aimerais à te voir mourir comme moi *sur le bois*. Demande-le, tu en auras alors tout le mérite devant moi... Si je permets que tu sois traînée dans la boue, ce sera pour te rendre semblable à moi et te combler de plus d'amour. Être méprisée par le monde n'est rien. »

Janvier 1878. — Il se passe de grandes choses en mon âme :

1° Présence intellectuelle presque permanente de Jésus crucifié. Je me sens enveloppée d'une atmosphère surnaturelle. Les choses à faire s'imposent à moi doucement et j'y adhère avec paix.

2° L'amour de Notre-Seigneur m'embrase et augmente chaque jour; il me porte à un abandon absolu à ses volontés.

3° Ma pureté d'intention grandit. Si je fais mal, je m'humilie; mais sans me troubler, parce que je me

CARMEL DE FONTAINEBLEAU

trouve libre de toute autre vue que celle de plaire à Notre-Seigneur.

4° J'adore et j'aime Notre-Seigneur Jésus-Christ conspué, flagellé, couvert d'opprobres : là est ma vie. Ainsi, sanglant et défiguré, il se fait voir à mon âme et me donne une grande soif de souffrances et de mépris. Pendant sept ans, j'ai reproduit dans mon corps les souffrances et les opprobres de sa Passion ; il veut maintenant que je partage les sentiments, les humiliations, les prières de son âme, de son Cœur sacré, non seulement par amour pour lui, mais par les mêmes motifs intérieurs qu'il avait. Ainsi je comprends que je dois être épouse, adoratrice et réparatrice, suppléant par mes actes d'amour et d'adoration, par mes prières et par les humiliations, aux crimes qui se commettent contre Dieu et son Église.

5° Mon amour pour la Très-Sainte Vierge me semble croître encore ; je pénètre aussi dans son cœur si pur. Je vois qu'elle a reproduit en elle avec un courage incomparable tous les sentiments du Cœur adorable de Notre-Seigneur Jésus-Christ. Cette vue intellectuelle, qui me devient habituelle, tient mon âme dans l'admiration.

6° Il y a comme une nuée entre moi et le créé et je suis près de Dieu protégée par cette nuée.

— Hostie savoureuse, comme habituellement. Les pénitences me mettent dans un état surnaturel de vigilance, de force, de lumière et d'amour.

Jeudi saint. — De 9 heures du soir à 4 heures du

matin, je fus tenue dans un état d'adoration, d'amour
et de compassion provoqué par la vue de Jésus agoni-
sant, puis pris et lié au jardin : mon âme était plongée
dans la stupéfaction par tant de douleurs et d'amour.
« Maintenant je veux de toi moins de souffrance
active par la pénitence; plus de souffrance passive
par la maladie. Je ne te laisserai pas un organe sans
souffrance. Tu ne resteras pas une heure sans pâtir.
Adhère avec amour, avec joie et je grandirai en toi. »
J'adhérai immédiatement avec une grande plénitude
de volonté dans la partie supérieure de mon âme.

Notre-Seigneur me dit : « Sois douce en face de la
calomnie, douce en face de l'ingratitude, douce au
milieu des passions qui s'agitent, douce afin de ne pas
flétrir ton âme. »

Quand je tiens notre bréviaire, il me semble que
tous les secrets, tous les mystères, tous les dons de
Dieu sont à ma disposition et que, par ces paroles
inspirées par le Saint-Esprit, je suis toute-puissante
près de la Sainte Trinité par Notre-Seigneur Jésus-
Christ.

Chemin de croix. — La présence intellectuelle de
Notre-Seigneur souffrant devint si profonde que les
douleurs physiques mêmes de Jésus me pénétraient;
mais surtout les sentiments intimes de son divin
Cœur me furent révélés avec tant de douceur, de
lumière, de force et d'amour, que je sentais mon
cœur se liquéfier, mes propres sentiments fondre et
disparaître comme la neige devant le soleil et mon

être tout entier transformé, mes puissances remplies de l'esprit et de l'amour de Jésus-Christ, agissant conformément avec lui sous l'action de l'Esprit-Saint. »

De 1875 à 1882, la Mère Élisabeth passa par des épreuves multipliées; tout contribuait à jeter le discrédit sur elle et sur le monastère dont elle était Prieure. Les postulantes qu'elle renvoyait, soit par défaut de vocation ou parce qu'elles ne pouvaient porter le poids de la Règle, la décriaient ainsi que sa Communauté, auprès des Supérieurs et du public : le diable leur donnait les moyens de nuire. Jusqu'à d'anciens serviteurs de ses parents qui, après l'avoir admirée durant nombre d'années, venaient, par leurs faux rapports, ajouter une épine de plus. Le bien même fut dénaturé : ses pénitences, ses veilles, ses prières, ses paroles, son silence même, rien n'échappa à l'acerbe critique. Sainte Thérèse décrit fort bien cette épreuve : « Ô mon Dieu, que de peines intérieures et extérieures n'endure-t-on pas avant d'entrer dans la septième demeure! Il me semble quelquefois que si l'âme les envisageait avant de s'y engager, il y aurait sujet de craindre, vu sa faiblesse naturelle, qu'elle ne pût se résoudre à les souffrir... Ce qu'il y a de plus fâcheux, c'est que ces peines, au lieu de passer promptement, durent parfois toute la vie, parce que les personnes qui portent un jugement si désavantageux sur celles qui sont dans cet état, ne cessent de rendre toutes leurs actions suspectes. Mais, dira-t-on, il y en a aussi d'autres qui les louent : ô que le nombre en est petit en comparaison de ceux qui les blâment et les condamnent... Lorsqu'on est dans ces travaux, Notre-Seigneur envoie d'ordinaire de grandes maladies..., et, dans l'accablement intérieur et extérieur où elles jettent, l'âme ne sait plus que devenir... »

Les maux de cœur dont souffrait habituellement Mère Élisabeth croissaient toujours en intensité. Ils devinrent si violents qu'on dut la mettre au lit et qu'en peu de temps elle fut à la mort. Elle demanda les derniers sacrements. Ses Filles ne voulaient pas croire le dénouement aussi proche ; mais le médecin fut d'avis qu'une issue fatale pouvait survenir au moment le plus imprévu.

La vénérée Mère fut transportée de bonheur

en recevant l'extrême-onction. « Jésus me soutenait, écrivait-elle ensuite dans ses notes; et l'effet en fut matériellement sensible; car, après l'onction des oreilles, je sentis quelqu'un qui redressait l'oreiller pour le disposer plus commodément. Je retournai la tête afin de remercier l'infirmière... elle était loin de moi... mais une voix bien connue me dit intérieurement : « C'est moi! »

Ô délicate attention du Bien-aimé! N'est-ce pas l'application de ces délicieux versets du Psalmiste : « *Heureux celui qui a eu l'intelligence des besoins du pauvre... car Dieu l'assistera sur son lit de douleur et retournera, sous lui, sa couche* » pour la rendre plus molle et plus douce, comme fait une mère pour son enfant malade.

Les prières ardentes qu'on adressait pour elle à la Très-Sainte Vierge furent exaucées : un mieux se produisit et la convalescence commença.

Elle écrit encore : « Mon frère arriva. Notre entrevue fut émouvante après la possibilité de ne plus se revoir ici-bas. Il me fit don d'un magnifique morceau de la vraie croix, en disant : « Puisque tu as bien porté ta croix,

Notre-Seigneur te donne une partie de la sienne en récompense. » Cela me causa une grande joie : il m'est si uni, mon frère! Depuis notre naissance, pas un seul nuage ne s'est élevé entre nos deux cœurs. Puisse Dieu me laisser ce trésor jusqu'à la mort! »

Achevons, cependant, de citer quelques extraits des retraites de Mère Élisabeth. Il est consolant d'y relever la trace de ses prières pour la France, autrefois sage et forte sous la conduite de ses rois très-chrétiens; aujourd'hui, infidèle à son Dieu qui, par un juste jugement, l'abandonne à elle-même : ne la voyons-nous pas, comme égarée par l'esprit de vertige, pencher visiblement à sa ruine?

Retraite de 1880. — Messe. — « Je te donne les larmes que je répands sur la France, ouvre-moi ton cœur pour que je les y dépose. » Et, comme toujours, la parole divine opérant ce qu'elle dit, je sentis en mon cœur comme quelques gouttes qui tombaient et qui produisirent en moi une commotion telle que j'en fus terrassée.

A la sainte Communion, je ressentis un nouvel effet des larmes de Jésus en moi : comme la lave d'un volcan détruit tout, là où elle coule, j'eus du péché une vue, une horreur, un remords, une crainte extraordinaires.

Chemin de croix. IXe station. — Notre-Seigneur me dit : « J'expie là les péchés de mes prêtres. Oh ! prie pour eux, car de leur sainteté dépend le salut des âmes ; de leur sainteté dépend la gloire de mon Père, la consolation de mon Cœur, la conservation de la France, la diffusion de l'Esprit-Saint sur la terre et la prospérité de l'Église. Jamais tu ne feras trop pour mes prêtres, car je leur ai confié mon sang, mon Évangile, les âmes. »

Oraison. — Notre-Seigneur m'a dit : « Veux-tu que je te fasse encore plus souffrir que tu n'as souffert jusqu'ici ; que je te fasse passer par de plus durs mépris, par de plus poignantes humiliations, afin que notre union soit plus intime par un amour plus pur ? » Et j'ai tout appelé sur moi afin que je sois plus au gré de mon Dieu.

Retraite de 1882. — *(Fiançailles spirituelles.)* — *Oraison de nuit sur l'agonie de mon Jésus et sa sueur de sang.* — Je l'adorai longtemps dans son silence d'amour. Il était intellectuellement présent et me regardait avec une inexprimable tristesse. Il me dit : « Sois épouse, je te donnerai la force. Je te donne ma sueur de sang ; c'est ton douaire d'épouse. Offre ce sang à mon Père, interpose-le entre la France et la Très-Sainte Trinité. Il t'enivrera de la volonté, de la force, de l'amour qui te sont nécessaires pour arriver là où je te veux, là où je t'attends. » Je sentais mon âme comme un calice qui renfermait le sang divin !

Troisième oraison. — Je vécus un peu comme on vit au ciel, c'est-à-dire de la communication de Dieu à l'âme dont il est le principe et dont il devient l'unique fin. Notre-Seigneur me dit : « Souviens-toi que la croix est mon lit nuptial, que l'ignominie, la folie de la croix est mon blason. Là seulement tu seras épouse en esprit et en vérité; là est la sagesse que l'Esprit-Saint t'enseignera, te donnant les moyens et la force de la pratiquer. Oh! livre-toi à lui pour qu'il te rende semblable à moi. »

Retraite de 1883. — *(Mariage spirituel).* — *Premier jour. A la sainte communion,* Notre-Seigneur me dit : « Le Saint-Esprit va te régir. Il va te fortifier, car tu es restée livrée depuis ta dernière retraite. » En effet, j'espère n'avoir pas commis de fautes de volonté et je ne crois pas avoir manqué à ma résolution qui était : Pour croître dans le pur amour de Dieu, accomplir avec courage et joie sa sainte volonté comme aussi tous les sacrifices qu'elle m'apportera ou m'imposera. Aujourd'hui, j'ai vécu dans le ciel, Notre-Seigneur Jésus-Christ m'y attire depuis quelque temps : « Vis comme on vit au ciel : on ne pèche plus et on me plaît en toutes choses. Le bonheur dont j'enivre mes élus est éternel et rien ne peut l'obscurcir. On se nourrit d'amour... cet amour, c'est moi et jamais mes élus ne sont rassasiés. Le ciel est en proportion de l'amour que l'âme m'a porté et prouvé ici-bas... Le ciel est l'absorbement des puissances en Dieu sans cependant que l'âme perde sa nature et sa vie... » J'eus une contemplation qui suspendit mes sens. Je voyais les anges, les saints, tous différents de gloire, tous portant un signe, un nom particulier; mais tous confondus dans le double besoin de faire la volonté de Dieu et de l'aimer d'un amour sans limites, d'une charité qui se nourrit du bonheur et de la charité des autres.

Deuxième jour. — *A l'oraison,* soudain, je fus investie d'un redoublement de paix, puis une divine lumière se fit en mon âme et je sentis la présence intellectuelle de Jésus glorieux, ainsi que celle de sa divine Mère. Il me dit : « Le fruit de cette visite sera une grande douceur dont je veux que tu sois remplie pour attirer à moi les âmes avec lesquelles tu converses, car je te veux faire mère d'un grand nombre d'âmes, qui, après moi, te devront le ciel. Mais c'est par la douleur que tu les enfanteras à Dieu... »

Ma dernière oraison fut toute d'abjection de ma part. Je confessai à Notre-Seigneur toutes mes passions, tous mes défauts, tous mes péchés, puis je lui dis : Seigneur, que vous ne me précipitiez pas dans l'enfer, c'est déjà une immense miséricorde; mais que vous me traitiez en épouse, non, non, cela ne se peut, je suis trop méprisable. Il m'étreignit sur son Cœur : « Oui, tu es méprisable; mais c'est justement parce que tu le confesses que je m'incline vers toi... Maintenant que tu te méprises et que mes dons eux-mêmes ne peuvent éclipser ce mépris, je viens à toi avec la plénitude de mon amour, parce que là est cette vraie pauvreté d'esprit à laquelle j'ai promis mon royaume. Reçois mes dons avec la sécurité de l'amour. »

Troisième jour. — *A la sainte messe,* Notre-Seigneur me dit : « Je suis l'Époux fidèle... je te fais l'épouse de mon Cœur, il te sera toujours ouvert. Que mes souffrances soient tes souffrances, que ma volonté soit ta volonté, mes pensées tes pensées, mon amour ton amour. » Et il se fit en moi une communication des souffrances, des pensées, des volontés, de l'amour de Jésus.

A l'oraison, Notre-Seigneur me dit : « Au ciel, il n'y aura plus de larmes... Remercie Dieu des souffrances qui ont rempli ta vie, des larmes si nombreuses que ton cœur et tes yeux ont versées... Ce sont elles qui t'ont ouvert l'esprit et qui ont amolli ton cœur; elles ont attiré sur toi un regard de Dieu, son amour et son pardon. Ce sont elles qui t'ont valu encore l'application de mes souffrances et de mes divines larmes. Aime la souffrance, car elle est le trait d'union du ciel et de la terre : les larmes des affligés pénètrent les cieux. »

Quatrième jour. — Dès que je fus à l'oraison, Notre-Seigneur me dit : « Voici la béatitude des vierges... Épouse bien-aimée, voici la béatitude que je t'ai réservée : Bienheureux ceux qui ont le cœur pur, car ils verront Dieu... » — Mais, repris-je, Seigneur, cette béatitude n'est pas pour moi, elle ne peut m'être qu'un sujet de confusion... — Notre-

Seigneur ajouta : « Il y a deux sortes de pureté de cœur : celle du baptême, conservée jusqu'à la mort; celle de la pénitence, don spécial de mon amour. Toutes deux viennent de moi, auront leur effet, à savoir de voir Dieu. Et cet effet divin a son commencement sur la terre et son couronnement dans le ciel. C'est la béatitude des épouses, des âmes qui se sont données à moi sans réserve et à qui je me donne dans la plénitude où elles peuvent me posséder. Les âmes qui voient Dieu sur la terre sont celles que j'élève au mariage spirituel : tu es de ce nombre, ma Mère bien-aimée m'en a supplié, et moi, Jésus, je me fais ton Époux et te fais mon épouse. Les autres grâces étaient passagères, celle-ci est irrévocable et la plus grande que tu puisses recevoir ici-bas ! »

A l'oraison du soir, Notre-Seigneur me dit : « Je vais te montrer cette béatitude des cœurs purs... Lorsque l'âme épouse arrivera dans le ciel, je la conduirai jusqu'au trône de la Trinité sainte et demanderai pour elle la récompense promise aux cœurs purs. Et chacune des personnes de la Très-Sainte Trinité lui fera un don spécial. Le Père éternel l'établira dans un état de gloire qui lui permettra de pénétrer dans l'essence divine, de la contempler bien plus avant que les saints qui sur la terre auront eu d'autres affections, d'autres préoccupations que Dieu, quoique ces affections et ces préoccupations fussent légitimes... Cet état de gloire sera la récompense de la foi. Et moi, Verbe éternel du Père, à ce titre, j'établirai cette âme dans un état de compréhension, de possession, de jouissance de tous les biens qu'elle aura désirés, espérés, attendus sur la terre... Et cet état sera la récompense de l'espérance. Le Saint-Esprit établira cette âme dans un état d'amour qui lui permettra de jouir de Dieu et de jouir aussi de tout ce qu'il lui donnera de gloire et de consolations éternelles. Cet état sera la récompense de l'amour laborieux de cette terre... Et marquée de ce triple signe d'amour et de gloire, cette âme prendra son rang à ma suite, chantant le cantique que les vierges seules chanteront et me suivant partout où j'irai, moi, l'Agneau divin, centre ineffable de toutes les joies et béatitudes du ciel... Et plus l'âme épouse m'aura suivi de près sur la terre, plus elle sera près de moi et près de ma Mère au ciel... Voilà, épouse bien-aimée, la plénitude de la béatitude promise aux cœurs purs, celle que je te réserve et à laquelle je te convie. »

Huitième jour. — Notre-Seigneur me dit : « Il y a deux vies, il y a deux morts : la vie de la terre, la vie de l'éternité ; la mort de la terre et la mort de l'éternité. Avant de pénétrer dans les joies de ceux qui sont fidèles jusqu'à la mort, vois ce que deviennent ceux qui ne le sont pas... Contemple ce lieu d'horreur, afin de mieux comprendre ensuite l'étendue de ma miséricorde... » Et l'abîme s'entr'ouvrit pour me laisser plonger dans ses profondeurs et je vis ce que déjà il m'a été donné de voir, la rage, la douleur, la colère,

le feu, les démons, la haine de Dieu, les blasphèmes...
et mon âme demeura ainsi, longtemps, dans la stupeur
de la crainte, de l'horreur, de la honte. Je sentais si
bien que ce lieu de supplice devrait être ma demeure
pour l'éternité... cette conviction me faisait du bien
comme tout ce qui m'abaisse.

Pendant la sainte Messe, je voyais dans l'enfer
cette cellule de mort construite par mes péchés. Elle
est vide aujourd'hui... nul damné ne l'habite et Satan
conserve l'espoir de m'y posséder à jamais... Tout
mon être tremblait à ce peut-être? Je sentais que
l'enfer est furieux que la proie lui ait échappé. Cependant je gardais ma paix : Jésus-Christ, sur son autel,
dardait sur moi des rayons de force et d'amour.

Confession. — De retour à la cellule, pénétrée de
la grâce de l'absolution, je faisais mon action de
grâces. Soudain une profonde commotion se fit sentir
à mon âme et un tressaillement d'amour parcourut
tout mon être; Notre-Seigneur me dit : « Voici
l'heure de l'union. Tu es pure de tout ce qui pouvait
encore m'empêcher de m'unir à toi. Tu es revêtue
de la robe nuptiale par l'efficace et toute-puissante
application de mon sang divin. Tu es soustraite à tout
ce qui n'est pas moi et à tout ce qui peut t'empêcher
de recevoir la grâce par excellence que je t'ai promise. Tu m'as tout livré, tout donné pour toujours...
ouvre ton cœur, que j'y grave le nom d'épouse ; ouvre
ton cœur, que j'y entre en Époux, et, qu'à jamais
cette union que je contracte avec toi soit ton bon-

heur, ton ciel et ton salut; je te donne droit à tous les dons de ma grâce, de ma puissance, de mon amour et de mon Cœur. » Puis le silence se fit, un silence divin pendant lequel mon âme fut surélevée bien au-dessus d'elle-même... Quand je revins à moi, j'étais froide comme si la vie allait me quitter et je me sentais absorbée par une puissance d'amour qui me fixait en Dieu : je sentais chacune des personnes de la Sainte Trinité me combler de dons particuliers.

Retraite de 1884. — Notre-Seigneur me dit : « Je veux te révéler de nouvelles profondeurs de mes souffrances... Pendant cette retraite je ferai passer ma Passion dans ton âme. J'élargirai sa capacité pour que tu souffres davantage; je me délecterai dans tes douleurs... Je transpercerai moi-même ton cœur... Toi qui es épouse, tu as par moi la force d'entrer dans ces mystères profonds, tu y as droit et je serai consolé quand tu communieras et participeras à ma Passion, parce que mon Père sera glorifié et que beaucoup d'âmes seront sauvées... »

Vue intellectuelle de Notre-Seigneur prosterné au Jardin des olives. Une force étrangère me précipita à terre, où je demeurai : « Je te livre à ma douleur. » Et je fus envahie par sa tristesse, par sa frayeur, par ses soupirs, par ses tortures pour les âmes, pour son Église, pour ses prêtres.

Flagellation. — Vue intellectuelle. Mais ce qui m'absorbait le plus, c'était la prière de Notre-Seigneur pour ses bourreaux, prière non interrompue, soutenue, intense. J'étais dans un état surnaturel de douloureuse adoration, quand Notre-Seigneur me dit, avec supplication : « Rends-moi sang pour sang ! J'ai besoin du sang de la pénitence pour y appliquer mes mérites et l'interposer entre mon Père et la France. Il y a des crimes qui ne se payent qu'avec du sang... » J'obéis, sous l'impulsion de l'amour ; je voyais Jésus-Christ recueillant ce sang dans un calice et l'offrant à son Père après l'avoir béni et lui avoir joint ses mérites.

Couronnement d'épines. — Contemplation et vue intellectuelle. Notre-Seigneur me dit : « Lis dans mon Cœur... » Et ce Cœur sacré s'ouvrit pour me laisser pénétrer dans ses sentiments les plus intimes. Mon âme demeura dans une sorte d'extase d'amour. J'entendais la prière de Jésus qui s'élevait plus sublime à mesure que les souffrances et les humiliations allaient se multipliant.

Jésus est dépouillé et crucifié. — J'eus une contemplation surnaturelle de cette scène sanglante. Mon cœur était pénétré de douleur, de reconnaissance, d'amour, de désirs. Notre-Seigneur me dit : « Entre en communauté de mes biens : la souffrance et l'abjection. Viens, que je te livre à mes douleurs sur la croix... Comme elles ont passé dans le cœur de ma Mère, de Madeleine et de Jean, je veux qu'elles passent en toi comme un torrent qui purifie, entraîne, renverse, brise tout sur son passage. »

Alors je fus livrée à un déchirement de tous mes

membres qui dura pendant une demi-heure et me laissa brisée plusieurs jours. Une prière ardente s'éleva en moi, mais elle n'était pas de moi...

Dixième jour. — Notre-Seigneur me dit : « Ouvre-moi ton cœur pour que j'y épanche ma douleur. » Et il s'établit de ce Cœur sacré, au pauvre mien, un flux et un reflux d'amour. Il me communiquait ses douleurs ; mais aussi son amour, car là où il n'y a pas de péché, la douleur devient amour.

A la messe, l'action de Notre-Seigneur continua ; je fus complètement soustraite à moi-même ; je n'étais plus sur la terre...

Juin 1884. — Dans la neuvaine préparatoire à la fête du Sacré-Cœur et pendant l'octave, il y a eu à mon côté droit un écoulement assez abondant d'eau et de sang.

Novembre 1884. — J'ai, tous ces jours-ci, une participation aux souffrances du purgatoire et j'ai presque toujours la présence d'une ou plusieurs âmes près de moi et la communication de leurs peines jusqu'à ce que leur expiation soit achevée. Parfois cette présence n'est pas purement intellectuelle et ces âmes apparaissent à mes yeux sous forme de petits globes de feu. Ma vie est absorbée par cet état... »

Son père lui demanda longtemps ses suffrages, ainsi que nombre d'amis et de bienfaiteurs de ses fondations. Quelques grands personnages qui s'étaient vivement opposés à elle, firent de même. L'un d'eux, quatorze ans après sa mort, vint lui dire, à diverses reprises, que « c'était par elle » qu'il devait être délivré du purgatoire : elle fit, à cette intention, de longues et dures pénitences afin de le soulager. C'est ainsi qu'agissent les vrais serviteurs de Dieu, animés d'un sincère mépris d'eux-mêmes : ils aiment parfaitement leur prochain à l'imitation de Jésus-Christ qui, rassasié d'opprobres, mourait volontiers pour ceux qui le crucifiaient!

Mère Élisabeth distingue soigneusement dans les âmes pour lesquelles elle intercédait, leur passage de la souffrance extrême à l'état de simple attente.

Dès que la mort de Pie IX fut connue, elle se livra généreusement à de grandes macérations pour hâter sa sortie du lieu d'expiation. Le septième jour qui suivit, elle assura joyeusement à sa confidente et sa Fille bien-aimée, la Révérende Mère Marguerite du Saint-Sacrement, qu'elle avait vu ce saint Pape entrer resplendissant dans la gloire! Cela est remarquable ; car on connaît la révélation de sainte Ludgarde, que le savant cardinal Bellarmin a très-sévèrement examinée, d'après laquelle un des plus grands pontifes qui ait illustré la chaire de saint Pierre, Innocent III, était condamné pour trois négligences dans le gouvernement de l'Église, à souffrir « d'effroyables peines » dans le purgatoire jusqu'à la fin du monde.

Jeudi saint 1886. — Notre-Seigneur me dit : « Aime mes prêtres... l'heure est solennelle pour eux... Aide-les à être les fermes colonnes de mon Église et à la glorifier. » Le prêtre m'apparut alors tel qu'il fut conçu dans le Cœur de Notre-Seigneur, autant du moins que la faiblesse de la créature peut le comprendre. Je me sentis émue en sondant la grandeur, la dignité de celui que Jésus s'est substitué sur la terre. J'ai prié, je me suis livrée à Dieu pour ses ministres, surtout pour que quelques-uns soient saints entre tous.

Retraite de 1889. — Notre-Seigneur me dit : « Victime, épouse, viens à la croix. Je marche aux opprobres, à l'ignominie, à la douleur, à la mort : viens. »

J'ai senti que c'est Marie qui m'a faite l'épouse de Jésus... J'ai compris que je lui dois tout.

Jésus me dit : « Je te donne un accroissement d'amour et la force de pouvoir souffrir un peu de ma Passion. Le nuage de mon sang te séparera du monde, car tu n'es plus du monde... Ma divine Mère assistait en esprit à toutes mes douleurs, mon agonie, mon arrestation, ma nuit d'abjection. Tout ce que je souffrais se réfléchissait en elle. A toi aussi, ma bien-aimée, je veux confier mes douleurs, en les imprimant en toi, par la seule force de mon amour. » Je fus alors abîmée dans la contemplation de Jésus crucifié; j'étais hors de moi et tout en lui. Mes puissances étaient suspendues, stupéfaites, envahies. Alors les douleurs de Jésus-Christ me pénétrèrent et fondirent sur mo comme un torrent : les clous traversaient mes mains et mes pieds; ma tête sentait les épines et chacune d'elles me transperçait douloureusement; mon corps recevait les coups de la flagellation; mes joues, les soufflets; mes membres étaient liés. Ce que je souffris est extrême et dépasse, il me semble, de beaucoup, ce que j'ai ressenti de ce genre, soit par mes pénitences, soit directement de Dieu.

« Viens à mes opprobres! » Avec un sentiment de vénération et d'adoration tout particulier, je contemplai Jésus me nourrissant de ses douleurs, de sa honte, de ses opprobres; il me sembla que mon âme les subissait avec lui, pour lui, comme il a subi tout cela pour moi... Vendredi, les douleurs corporelles de Jésus s'imposaient à mon corps; aujourd'hui, ce sont ses souffrances de honte douloureuse qui pénètrent jusqu'aux plus intimes profondeurs de mon âme. Ô Jésus, merci d'avoir compris les désirs et les besoins de mon cœur! « Dans tous les siècles, me dit-il, j'ai reproduit ma Passion dans les âmes choisies de mon

Cliché Braun et Cie.

RÉCEPTION D'UNE NOVICE AU CARMEL DE FONTAINEBLEAU

(LA MÈRE MARGUERITE DU SAINT-SACREMENT)

Tableau de M. Jules Rougeron, son frère (au Musée de Dijon).

Cœur. Tu es du nombre et ma miséricorde resplendira en toi. »

Nous arrêterons ici les citations extraites des cahiers d'âme de Mère Élisabeth : elles nous montrent Jésus-Christ imprimant dans son cœur, par le mystère de la croix, l'amour des mépris et des souffrances, pendant qu'elle s'efforçait, autant que le peut comporter l'infirmité humaine, de devenir semblable à son Dieu.

Mais achevons rapidement le récit des événements qui ont marqué la fin de sa vie.

Mère Élisabeth dut cesser d'être Prieure du Carmel de Fontainebleau, en 1884, ainsi que le prescrivent les Constitutions des carmélites déchaussées. Réélue en novembre 1887, elle eut la joie d'obtenir de Léon XIII, pour son monastère, le 2 février 1888, le titre de « Carmel de Pie VII », en vénération du grand pontife qui subit une si dure captivité dans le palais de Fontainebleau, de 1812 à 1813.

Les vocations affluaient, aussi, le 30 août 1890, la communauté essaima une première fois. Mère Élisabeth conduisit les Sœurs désignées pour fonder à Merville, dans le département du Nord; puis elle revint à son couvent, dont elle fut réélue Prieure le 15 novembre suivant. La Révérende Mère Marguerite du Saint-Sacrement lui succéda en 1893.

Une nouvelle colonie de carmélites alla faire une fondation à Épernay, le 3 décembre 1894. Mère Élisabeth fut mise à leur tête, ravie d'ouvrir un tabernacle de plus à Notre-Seigneur dans sa ville natale : aussi s'employa-t-elle avec ardeur, malgré ses infirmités croissantes, à l'achat d'un terrain et à la construction du monastère.

Rappelée au Carmel de Fontainebleau par la visite canonique, elle pensait n'y demeurer que peu de jours, lorsque sa maladie de cœur prit un caractère inquiétant. Néanmoins, elle voulut encore assister à la récréation des Sœurs. L'une d'elles ayant dit qu'une lettre reçue de Rome annonçait que le Saint-Père allait très-bien : « C'est pourquoi je vais si mal », avait aussitôt répondu Mère Élisabeth, faisant allusion à son vœu de victime. Une heure après, on la trouvait étendue sur le plancher de la chambre des archives, sans mouvement et sans vie. C'était le 20 septembre 1896, en la soixante-quatrième année de son âge. Notre-Seigneur avait manifesté le désir qu'elle demandât de mourir comme lui « sur le bois » : elle l'avait fait et ce dernier trait achevait de la rendre conforme à son divin modèle. Elle avait aussi annoncé qu'elle mourrait seule.

La douleur de ses Filles de Fontainebleau et de ses autres Carmels fut profonde. Son souvenir est resté si vivant dans leur cœur, qu'il semble que ce deuil soit d'hier. Elle avait imprimé le cachet de ses vertus sur chacune de ses religieuses avec tant de force, qu'aujourd'hui encore son magnanime exemple les entraîne et soutient leur résolution de se montrer toujours dignes d'elle.

Le P. Doussot, son frère, ne put assister à ses obsèques. Il souffrit vivement de la sépa-ration ; mais sa foi et l'assurance qu'il avait de la vie sainte de sa sœur le consolaient et le portaient à l'invoquer plutôt qu'à prier pour elle.

Notre tâche est remplie. Nous avons décrit à grands traits cette œuvre de Dieu à laquelle rien n'est comparable : une âme s'élevant à la plus haute vertu et à la plus sublime contemplation par son héroïque fidélité à la grâce !

Cependant, si nous imposons silence aux voix discordantes qui chargent, sans donner de preuves, cette grande mémoire, et que nous nous renfermions pour un peu de temps au fond de notre âme afin de ne considérer que les faits avérés et les témoignages irrécusables, entre lesquels apparaît au premier rang celui de ce vénérable religieux qui fut son frère, nous sentirons s'élever en nous ce mouvement d'admiration qu'excite la vérité, la sainteté, la fécondité d'une vie humble et parfaite.

On voit cette vénérée Mère renouveler sans cesse sa vigueur comme l'aigle, s'élever par de nobles efforts de vertu en vertu, passer de l'action à la contemplation divine, en gravir les degrés ; développer chaque jour davantage ce que la sainte théologie appelle les puissances obédientielles de l'âme, c'est-à-dire ces disponibilités indéfinies qu'elle a de recevoir toujours plus abondantes les effusions de la grâce, avec celles que la Divinité veut faire d'elle-même ; se mépriser sans mesure, creuser ainsi en son cœur un vide immense qui donne place au

Christ et ouvre de vastes espaces à la charité ; embrasée d'amour divin, son âme se liquéfie et s'écoule en Jésus ; mais comme un liquide prend la forme des vases dans lesquels on le verse, ainsi se livre-t-elle à tous les vouloirs divins par le saint abandon à Dieu, qui la fait se renoncer, se quitter, se perdre en lui !

Telle nous apparaît la vie carmélitique de la Mère Élisabeth de la Croix, sans cesse progressant en éclat et en beauté, jusqu'au jour où cette âme héroïque, brisant ses liens, se trouva subitement dans les bras et sur le Cœur de Celui qu'elle avait tant aimé.

FIN

TABLE DES GRAVURES

HORS TEXTE

TABLE DES GRAVURES

DANS LE TEXTE

TABLE DES MATIÈRES

DEUXIÈME PARTIE

LE PÈRE DOUSSOT, DOMINICAIN, ET LA MÈRE ÉLISABETH, CARMÉLITE

PARIS. — TYP. PLON-NOURRIT ET Cⁱᵉ, 8, RUE GARANCIÈRE. — 14669.

PARIS

TYPOGRAPHIE PLON-NOURRIT ET Cie

Rue Garancière, 8